Usare
GD library con PHP
funzioni, figure, grafici e gradienti

by
Antonio Taccetti

Da tenere presente che:

Un libro è come un giardino, una serra, un magazzino, una festa, un compagno nel cammino, un consigliere, una moltitudine di consiglieri.
(Henry Ward Beecher)

I computer sono incredibilmente veloci, accurati e stupidi.
Gli uomini sono incredibilmente lenti, inaccurati e intelligenti.
L' insieme dei due costituisce una forza incalcolabile.
Albert Einstein

Si scrive soltanto una metà del libro, dell'altra metà si deve occupare il lettore.
(J. Conrad)

Copyright ©

Finito in Firenze, Febbraio 2016

SOMMARIO

PHP e GD

Originariamente concepito per la programmazione di pagine web dinamiche, PHP (acronimo di Hypertext Preprocessor", preprocessore di ipertesti, è un linguaggio di programmazione interpretato.
L'interprete PHP è un software libero distribuito sotto PHP License.

Scritto nel 1994 da Rasmus Lerdorf, fu in origine una raccolta di script CGI che permettevano una facile gestione delle pagine personali.
Rasmus Lerdorf, in seguito rielaborò il progetto originario estendendolo e riscrivendolo in linguaggio C.

Furono aggiunte funzionalità quali il supporto al database, prevedendo la possibilità di integrare il codice PHP nell'HTML delle pagine web semplificando la realizzazione di pagine dinamiche.

Dal 1998 i programmatori Zeev Suraski e Andi Gutmans collaborarono con Rasmus Lerdorf allo sviluppo della terza versione di PHP riscrivendone il motore che fu battezzato Zend (contrazione dei loro nomi).
Le caratteristiche della versione PHP 3.0 furono la straordinaria estensibilità, un'ottima connettività ai database ed il supporto iniziale per il paradigma a oggetti.
Già nel 1998 PHP versione 3.0 era installato su circa il 10% dei server web di Internet.

Iniziando ad essere usato su larga scala, PHP divenne competitor di ASP, (linguaggio analogo sviluppato da Microsoft).

Nel 2004 fu rilasciata la versione PHP 4 con ulteriori migliorie.

Attualmente, anno 2016, siamo alla quinta versione, sviluppata da Lerdorf, Suraski e Gutmans insieme ad un team di altri programmatori.
PHP è in grado di interfacciarsi a innumerevoli database tra cui MySQL che è forse il più usato, si integra con altri linguaggi/piattaforme quali .NTE, Java.

In pratica esiste un wrapper per ogni libreria esistente.

Wrapper dal verbo inglese to wrap, "avvolgere", in informatica designa un modulo software che ne "riveste" un altro, ovvero che funziona da tramite fra i propri clienti (che usano l'interfaccia del wrapper) e il modulo rivestito (che svolge effettivamente i servizi richiesti).
Fra questi CURL, GD, Gettext, GMP, Ming, OpenSSL e molti altri.

Ma PHP non si limita alla creazione di solo output in HTML, può anche essere utilizzato per creare e manipolare immagini.
Per poterlo fare è necessario utilizzare la libreria GD, oggi (2016) normalmente installata di default insieme a PHP5.

In Informatica, per libreria è inteso un insieme di funzioni o strutture, predefinite e predisposte per essere collegate ad un software.
Il termine libreria deriva dell'inglese library (letteralmente biblioteca), anche se la traduzione letterale in italiano non ne rispecchia la funzione, questo termine è oramai così diffuso da essere accettato quale traduzione esplicativa del significato originario.

Lo scopo delle librerie software, e GD non fa eccezione, è fornire una collezione di entità di base pronte all'uso, evitando di dover riscrivere ogni volta le medesime funzioni, così facilitando le operazioni di sviluppo e manutenzione dei software.

GD Graphics Library, scritta da Thomas Boutell con la partecipazione di altri programmatori.
Con questa libreria è possibile manipolazione dinamica di immagini che possono essere create runtime (durante l'esecuzione) o già esistenti nonché utilizzare font nativi o TrueType le cui parole o frasi possono essere usate nelle immagini.

La libreria è in grado di generare immagini GIF, JPEG, PNG, e BMP.
Il supporto per l'output in formato GIF fu rimosso nel 1999 in seguito alla revoca del brevetto.
Quando poi, nel 2007, il brevetto scadde fu stato reinserito tra i formati supportati.

Dalla versione 2.0 possono essere create immagini True Color con canale Alpha per la trasparenza, disegnate linee, archi, poligini, circonferenze ecc.

A questo indirizzo è possibile scaricarne l'ultima versione:

http://libgd.github.io/

Questo testo espone le funzioni della libreria GD, con esempi, frutto dell'esperienza maturata nell'uso, testati e scaricabili.

Sebbene esistano altre librerie per la manipolazione d'immagini, con GD è possibile creare e/o manipolare immagini per ogni esigenza, con risultati soddisfacenti per progettisti, sviluppatori e neofiti.

Il codice di questo sito è consultabile all'indirizzo :

http://www.taccetti.net/web/phpgd2/

e scaricabile a:

http://www.taccetti.net/web/phpgd2/download.php

dove sarà possibile anche il download di eventuali correzioni ed integrazioni.

Immagini con PHP

Creare dinamicamente pagine HTML utilizzando PHP permette di fare cose molto interessanti.
Tuttavia HTML HyperText Markup Language (linguaggio a marcatori per ipertesti), nato per formattazione e impaginazione di documenti ipertestuali nel Web, nella visualizzazione grafica (layout) non è un linguaggio di programmazione non prevedendo alcuna definizione di variabili, strutture dati, funzioni o strutture di controllo che possano realizzare programmi.
HTML è soltanto in grado di strutturare e decorare dati testuali.
Per questa ragione HTML presenta al pubblico, ciò che viene ad esso passato e non è in grado di creare immagini, manipolare file di immagine, ridimensionarle in modo reale o aggiungere testo.
Questo limite intrinseco dell'HTML può essere ovviato usando la libreria GD la quale contiene una serie di funzioni che consentono di creare, aprire, manipolare le immagini, sia per il browser che salvarle su disco.

Nozioni di Computer Grafica

Per creare e/o manipolare immagini con GD è necessario avere nozione di alcuni concetti riguardanti le immagini, i file grafici ed colori per il web.
Un modello colore è un metodo per definire i colori, per mezzo dei suoi componenti.
Nei Computer, per monitor, scanner ecc è utilizzato il modello colori RGB.
RGB (Red, Green, Blue), stanno per rosso, verde e blu; sono i tre colori fondamentali che, combinati fra loro in varie percentuali, creano toni, gradazioni e sfumature.
Ognuno dei 3 colori può assumere 256 valori che vanno da 0 a 255.
Per esempio il rosso puro è espresso dai valori (255,0,0) il verde (0, 255,0) ed il Blu (0,0,255).
In altre parole, nell'esempio precedente, il valore 255 identifica la quantità massima per quel colore mentre le altre due componenti sono a zero, cioè essenti.
Quando tutte le 3 componenti hanno valore 255, viene visualizzato il colore bianco, mentre quando tutte hanno valore 0, viene visualizzato il colore nero.
Quindi, i colori che si possono trovare in un'immagine RGB è 16,7 milioni cioè 256 × 256 × 256.
Spesso può capitare di leggere il termine "tavolozza di sistema" o, in inglese "system palette", è una (propria) tavolozza di colori che ogni sistema operativo riconosce.
Essa contiene i valori/colore che possono essere visualizzati per un determinato sistema operativo.

Purtroppo ogni sistema operativo ha la sua tavolozza di colori, per esempio, la tavolozza Macintosh è diversa da quella di Windows.
Fra i sistemi operativi Macintosh e Windows solo 216 dei 256 colori coincidono, quindi la loro diversità può mostrare alterati i colori di un'immagine creata con un sistema operativo e visualizzata con un altro.
Problema che si pone in maniera rilevante con dispositivi a 8 bit cioè a solo 256 colori.
Per questa ragione software grafici evoluti offrono la possibilità di utilizzare solo colori per il web (safe palette). Utilizzando questa opzione si è certi di selezionare un colore che verrà visualizzato in ugual modo sia da utenti Windows che da utenti Mac.
Naturalmente questo problema si verifica anche considerando Linux/Windows e Linux/Mac ed in qualsiasi confronto fra tavolozze di sistemi operativi diversi.

Pur se ancora importante, il problema delle tavolozze di sistema sta diventando sempre meno grave perché oggi (2016) quasi tutte le macchine supportano profondità di migliaia (16 bit) o milioni (24 bit) di colori e quindi all'occhio umano le differenze di sfumatura non sono, di solito, apprezzabili.

Tipi di immagine

I computer lavorano con due tipi d'immagini: vettoriale e raster.

Vettoriale

Nelle immagini vettoriali l'immagine è descritta mediante un insieme geometrico che definisce punti, linee, curve ecc. ai quali possono essere attribuiti colori e sfumature.
In altre parole, sono utilizzate equazioni matematiche per descrivere le forme che compongono l'immagine.
Occupa molto meno spazio rispetto ad una corrispondente raster, è più facile da gestire e da modificare essendo minore la quantità di dati coinvolti in ogni singola operazione di aggiornamento.
Questo metodo presenta il vantaggio di una maggiore possibilità di compressione dei dati ed è particolarmente adatto per l'ingrandimento o la riduzione non incidendo in maniera significativa sul peso, in kb, dell'immagine.
Le immagini vettoriali sono ottime per gli schemi che includono linee, curve e blocchi di colore, quindi per CAD e dati cartografici, ma non sono adatte per fotografie, paesaggi e immagini dello stesso genere.

Raster

La libreria GD si occupa di questo tipo di immagini.
Le immagini raster, conosciute anche come bitmap (in inglese bitmap graphic) in italiano traducibile come Grafica a griglia, é una tecnica utilizzata per descrivere un'immagine in formato digitale.
Il termine raster (reticolo, griglia) ha origine nella tecnologia televisiva analogica, cioè dal termine che indicava le righe orizzontali dei televisori o dei monitor con tubo catodico.
In computer grafica la griglia ortogonale indica i punti dove viene costruita l'immagine raster.
In altre parole, l'immagine è vista come una scacchiera, nella quale, ogni quadrato corrisponde ad un punto (pixel) e ad esso viene associato uno specifico colore.

Le immagini raster sono caratterizzate da due proprietà, risoluzione e profondità.

- Risoluzione, è determinata dal numero di pixel (quadrati della scacchiera) contenuti nell'unità di misura considerata (in genere pixel).
- Profondità, è definita dalla memoria che si dedica ad ogni pixel per descrivere il colore, cioè dal numero di bit dedicati ad ogni pixel.

Maggiore è il numero di bit, maggiore è il numero di colori che è possibile descrivere.
Un altro comune metodo per indicare la qualità delle immagini raster è moltiplicare il numero delle righe di pixel per quello delle colonne esprimendo il valore in Megapixel.

Uno dei maggiori inconvenienti nelle immagini raster si manifesta quando vi è necessità di avere uno zoom d'ingrandimento dove, ad ogni aumento, la qualità dell'immagine peggiora.
Software grafici evoluti sono in grado di ricostituire la risoluzione inserendo nuovi pixel per interpolazione, cioè, intenzionalmente, informazioni grafiche presunte.
La grafica raster è ideale per rappresentare immagini fotografiche, paesaggi ecc. ed in esse modificare contrasti, luminosità e applicare filtri di colore.
A questo tipo di immagine appartiene la quasi totalità delle immagini su pagine web.

Immagini elaborabili con GD

La libreria GD consente di lavorare con i formati JPEG, PNG e GIF per i browser Web desktop e WBMP per browser mobili, essi sono i principali formati raster.
Questi formati sono compressi, cioè utilizzano algoritmi per ridurre la quantità di spazio necessaria per descrivere l'immagine.
Con questo metodo svolgono un ruolo chiave nel mantenere i file di piccole e quindi brevi tempi di download.

Ognuno di questi formati utilizza metodi di compressione molto diversi.
Sapere quando l'uso di un formato è preferibile ad un'altro è importante per creare pagine web più veloci nel caricamento e migliori nella grafica.

JPEG

JPEG significa Joint Photographic Experts Group, é il nome degli archivi o alle immagini di MAC.
JPG é la stessa cosa solo che viene abbreviato con 3 lettere.
JPG si riferisce a immagini utilizzate con Windows, in origine (anni '80 del XX secolo), le estensioni dei file di questo sistema operativo potevano avere un massimo di 3 lettere (ed 8 i nomi dei file).
Il formato JPEG, la cui estensione dei file su disco può essere jpg o jpeg è lo standard de facto per la memorizzazione delle foto.
Questo formato riduce le informazioni necessarie per visualizzare un'immagine attraverso tecniche che tengono conto delle peculiarità della vista umana come la percezione dei colori e l'intensità dell'illuminazione, in modo da poter memorizzare, in file compressi, immagini ad alta risoluzione.
Utilizza il metodo di compressione lossy nella quale alcuni dati dell'immagine originale sono persi.
Il formato fu progettato per funzionare al meglio con le immagini fotografie di persone o paesaggi perché in questo ci sono generalmente molte sfumature e rare zone di un unico colore.
I valori della scala di compressione vanno da 0 a 100, con 0 massima compressione e qualità minima, comunque, con una compressione a 75, generalmente non si notano deperimenti apprezzabili dell'immagine e specie sulle pagine web non è distinguibile l'immagine originale da quella compressa.
Occorre prestare attenzione che, una volta usata la compressione lossy, le informazioni perse non saranno più recuperabili, e che ulteriori compressioni lossy dello stesso (ad esempio di valore 70 più volte) agiscono da moltiplicatore arrivando a far perdere di qualità l'immagine.
Buona norma è creare l'immagine voluta a qualità massima e poi, terminato il lavoro, salvarla con altro nome e compressione idonea.
Dovendo in seguito fare modifiche agire sull'ultima immagine di massima qualità.

Metadati jpeg

I file JPEG possono contenere metadati, definiti nello standard Exif, essi riguardano l'immagine e possono includere: Informazioni di date, ora e coordinate geografiche registrate dalla fotocamera al momento dello scatto, impostazioni della fotocamera (marca e modello della fotocamera), e per ciascuna immagine, apertura e lunghezza focale, tempo di esposizione, orientamento, bilanciamento del bianco, e ISO impostato informazioni di copyright ecc.
I metadati non sono usati per la visualizzazione dell'immagine e quindi, dal punto di vista estetico, può essere ignorato o rimosso senza problemi.

GIF (Graphics Interchange Format)

In questo formato, i dati sono memorizzati secondo uno standard definito da CompuServe.
Essi sono compressi in modo da non avere perdite di qualità.

Il numero massimo di colori visualizzabili è 256, può avere parti trasparenti.
Questa tecnica è più adatta quando occorrono immagini che contengono linee e grandi zone di colore uniforme come ad esempio cartoni animati.
Supporta la trasparenza con il metodo binario (sì/no).
Con questo ciascun pixel può essere completamente trasparente (non contiene nessun colore) o completamente opaco (contiene un colore a tinta unita).
Ciò significa che il canale Alpha (che in altri formati determina la quantità di opacità) non è supportato.

Nel salvataggio di file GIF con software di grafica, spesso sono disponibili diverse opzioni fra le quali:

- Percettivo, che da priorità ai colori l'occhio umano ha maggiore percezione.
- Selettivo, simile al percettivo, ma favorendo aree di colore più estese e soprattutto, utilizza i colori identificati nella stessa maniera da tutti i browser.
- Adattato, crea una tavolozza dei colori usando il campionamento dello spettro dominante nell'immagine.
- Restrittivo, con tavolozza standard dei 216 colori comuni alle tavole MAC a 8 bit e windows per essere poi visibile nella stessa maniere nei diversi Sistemi Operativi.

Il formato GIF supporta l'animazione, in questa variante del formato GIF, l'immagine è costituita da una certa quantità "fotogrammi" contenuti nello stesso file.
Queste immagini/fotogramma alternandosi fra loro secondo tempi stabiliti dal tecnico che ha creato la GIF, danno l'effetto del movimento.
In Internet sono talvolta utilizzate per banner pubblicitari in modo da massimizzare lo spazio della pagina.

Le GIF animate non sono editabili con GD, nel caso siano caricate per essere elaborate con questa libreria, verrà elaborata solo l'immagine che, nell'uso proprio, si presenta per prima.

PNG

Creato nel 1995 da autori indipendenti in seguito alla decisione dei detentori del brevetto GIF di richiedere il pagamento di royalty per ogni programma che facesse uso di immagini GIF.
Il formato PNG è simile al GIF, prevede parti trasparenti.
Angoli e linee rette, che mal sopportano la compressione JPEG, sono invece riprodotti fedelmente.
Questa tecnica è più adatta quando occorrono immagini che contengono linee e grandi zone di colore uniforme come ad esempio cartoni animati.
Data la sua recente ideazione, rispetto al GIF, non ha le limitazioni tecniche del formato GIF, può memorizzare immagini a 24 bit, ha un canale dedicato per la trasparenza (canale alfa).

A differenza del JPEG, questo formato non degrada di qualità rendendolo adatto per memorizzare stadi intermedi di elaborazione di file JPEG.
Il formato PNG ha diverse varianti, PNG8, PNG24 e PNG32 che grosso modo riflettono gli sviluppi informatici nel campo della grafica.
Il PNG8 è uguale ad una GIF con solo 256 colori ed il canale di trasparenze a 1 bit.

PNG24 è simile al PNG8, ma ha il supporto per 16 milioni di colori, per la quantità di informazioni che può memorizzare ha dimensioni maggiori del PNG8.
PNG24 fornisce il supporto canale Alpha per la trasparenza.
PNG32 viene usato per immagini complesse, milioni di colori e sfumature di diversi colori, bordi arrotondati e la trasparenza.

PNG ha anche varianti per la scala di grigi PNGs con e senza canale Alpha e un formato PNG derivato, Multiple-image Network Graphics o MNG, simile al GIF animato ma non trattato dalle funzioni GD.

Riguardo ai più volte citati 256 colori massimi per le immagini GIF e PNG8, questo limite di 256 colori non significa che sono disponibili solo i 256 colori predefiniti, ma solo che è possibile utilizzarne fino a un massimo 256 di loro in una singola immagine.

Per esempio RGB(255,0,0) è il colore rosso, ma anche RGB(255,100,0) e RGB(255,0,75) sono rossi seppur di altre tonalità e tutti sono utilizzabili in immagini GIF e PNG8.

Quindi in immagini GIF e PNG8 sono disponibili 256x256x226 =16.777.216 colori, ma solo 256 di essi per singola immagine.

In conclusione, il formato PNG, nelle sue varianti, può essere un'alternativa ai formati GIF e JPEG potendo sostituirli entrambi; supporta da 256 colori (PNG8) a 16,7 milioni di colori (PNG24).
PNG8 può sostituire GIF, perché adatto a immagini con aree estese a tinte unite con pochi colori.
PNG24 può sostituire JPEG, perché adatto a immagini fotografiche con molti colori ed oltretutto non perde i dati nella compressione.
L'unica pecca è che PNG è più pesante, in kb, del formato JPEG, ma con le linee ADSL ad alta velocità ormai diffusissime, basta non eccedere con immagini che hanno quantità di sfumature di colori, a volte nemmeno apprezzabili all'occhio umano.

Negli esempi che verranno presentati la trasparenza nelle immagini verrà esibita con riquadri bianchi/grigio-sfumati

com'è usuale nei software di grafica evoluti.

Sistemi di coordinate

Quando si disegnano o manipolano forme e testo è necessario conoscere il punto esatto sul quale operare, per farlo si utilizzano le coordinate cartesiane.
Ogni immagine è espressa in pixel (contrazione della locuzione inglese picture element) ed in computer grafica, indica ciascun elemento puntiforme come componente di un'immagine.
Ciascun pixel è caratterizzato dalla propria posizione (X,Y) e da valori quali colore e intensità.
Nelle immagini rappresentate con dati informatici, i punti riprodotti possono essere così piccoli da non essere distinguibili fra loro, apparendo fusi in un'unica figura anche se stampati o visualizzati su monitor.

Anche se in talune immagini con parti trasparenti può non apparire immediato, ogni immagine, non solo quelle manipolate con GD, è un rettangolo.

Qualsiasi punto del rettangolo/immagine può essere specificato come una coppia di (X, Y), dove X è il numero di pixel di distanza dal bordo sinistro e Y è il numero di pixel di distanza dal bordo superiore.
L'origine degli assi X,Y è posto in alto alla sinistra del rettangolo/immagine.

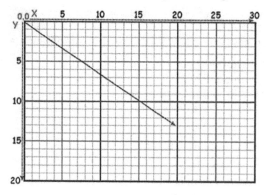

Nell'esempio la freccia obliqua con origine nel punto X=0 e Y=0 punta il pixel x=20 : Y = 13.

Avere sempre presente lo schema di coordinate in uso a PHP/GD è fondamentale perché:

- Nel caso tratti del disegno siano al di fuori dello schema non verrà segnalato nessun errore.
- Importante è l'ordine nel quale vengono chiamate le varie funzioni di disegno.

Di solito, vanno prima disegnate le componenti che sono sullo sfondo e poi quelle in primo piano.

- Le variabili sono case sensitive ($Immagine e $immagine sono due variabili diverse).

Recuperare informazioni sulla libreria GD installata

Se utilizziamo uno spazio web fornitoci da un host Internet, quasi sicuramente non avremo la possibilità di installare la libreria GD se è assente.
Ma se l'host dispone di una versione PHP 4> = 4.3.0 o superiore, il che oggi, nel 2016 è praticamente scontato, la libreria GD è molto probabilmente presente.
Nell'utilizzo su server locale, occorre che la versione PHP non sia obsoleta ed è raccomandabile sia corrispondente ai requisiti di quella su server remoto.
Per capire se l'host o server locale forniscono la libreria GD occorre utilizzare la funzione gd_info().
Per ottenere tale scopo, occorre creare una pagina php ed inserirvi il seguente codice:

es_01_gdinfo_informazioni sulla libreria GD installata

```php
<?php // es_01_gdinfo_informazioni sulla libreria GD installata

foreach(gd_info() as $gd => $state){ echo $gd . ": ". $state . "<br />";}

?>
```

Quindi occorre mandarlo in esecuzione caricando la pagina nel browser.
Se la libreria è presente verrà visualizzato un output simile a questo:

GD Version: bundled (2.1.0 compatible)
FreeType Support: 1
FreeType Linkage: with freetype
T1Lib Support:
GIF Read Support: 1
GIF Create Support: 1
JPEG Support: 1
PNG Support: 1
WBMP Support: 1
XPM Support: 1
XBM Support: 1
JIS mapped Japanese Font Support:

che mostra versione e supporti.

Nel caso la libreria GD non sia presente la sua installazione è piuttosto semplice.

Per prima cosa occorre controllare che nella cartella del PHP, di solito php/ext (oppure "extensions", non esistono entrambe) vi sia il file php_gd2.dll.
Se così non fosse, potrà essere scaricata all'indirizzo http://libgd.github.io/
Una volta scaricata e salvata nella cartella php/ext (oppure "extensions") sarà necessario intervenire sul file php.ini.
Prima di tutto copiarlo in modo da poter essere ripristinato in caso di errori.

Cercare la Extensions abilitabili nel file di configurazione:
;extension=php_gd2.dll

Eliminare il punto e virgola posto all'inizio di essa, salvare e riavviare il Web server Apache.
Una volta terminato lanciare di nuovo gd_info(); e verificare se GD è in uso .

imagetypes(), testare tipi d'immagine supportati dalla versione GD

Differenti versioni di GD hanno il supporto per tipi di immagini diverse.
Imagetypes() fornisce un modo per verificare quali formati sono supportati.

I seguenti formati possono essere testati: IMG_GIF | IMG_JPG | IMG_PNG | IMG_WBMP | IMG_XPM.

es_02_imagetypes_testare_tipi_immagine_supportati

```php
<?php

if (imagetypes() & IMG_GIF) {
echo "GIF supporto OK";

} else {

echo "GIF NO supporto";
}
echo"<br>";
if (imagetypes() & IMG_JPEG) {
echo "JPEG supporto OK";

} else {

echo "No JPEG NO supporto OK";
}
echo"<br>";
if (imagetypes() & IMG_PNG) {
echo "PNG supporto OK";

} else {

echo "No PNG NO supporto";
}

?>
```

Creare nuova immagine, visualizzarla, salvarla

Una volta appurato che la libreria GD è installata e funzionante, verificato il tipo di formati supportati, è
realizzabile la creazione delle immagini.
In questo esempio, con l'uso delle funzioni GD, verrà creata un'immagine, cioè che "dal nulla" esista, possa
essere vista, quindi verrà distrutta liberando la memoria usata.
Non è possibile usare un singolo comando, perché, pur funzionante, non mostrerebbe nulla di percepibile.
Occorre quindi usare quattro funzioni che sono:

header(), imagecreate(), imagecolorallocate, imagepng() nelle sue due versioni, imagedestroy()

In seguito, entrando nel dettaglio, queste quattro funzioni e le altre disponibili, saranno esaminate più dettagliatamente ed utilizzate con esempi concreti, funzionanti e scaricabili.

IMPORTANTE:
Nelle pagine degli esempi, se non inseriti in reali pagine web, occorre essere sicuri di non avere nulla al di fuori del blocco di codice PHP, nemmeno una riga vuota.
Tutto ciò che si trova all'esterno del blocco PHP viene inviato al browser come parte dell'immagine, ed anche un singolo carattere o spazio alla fine del file causerà problemi.

header(), salva l'immagine nel formato desiderato

Per l'invio in output del file immagine è utile impostare il tipo MIME del file PHP.
L'azione è necessaria perché l'impostazione predefinita è solitamente su text/html.
Negli esempi che seguiranno, in pagine PHP senza tag HTML, sarà di solito utilizzato nelle versioni:

header("Content-type: image/gif"); // per le immagini GIF
header("Content-type: image/jpeg"); // per le immagini JPG
header("Content-type. image/png"); // per le immagini PNG

imagecreate(), crea una nuova immagine

Restituisce un identificatore immagine che rappresenta un'immagine con lo sfondo del primo colore creato se non specificato diversamente.
Le dimensioni, espresse in pixel, devono essere valori numerici interi.

imagecreate (int $width , int $height)

Parametri

- $width: Larghezza dell'immagine.
- $height: Altezza dell'immagine.

Valori restituiti:

Restituisce un identificatore di risorsa immagine in caso di successo, FALSE in caso di errori.

imagecolorallocate(), definisce un colore nel formato RGB

imagecolorallocate (resource $image , int $red , int $green , int $blue)

Parametri

- $image: una risorsa immagine restituita da una funzione di creazione immagine.
- $red: Valore della componente rossa.
- $green: Valore della componente verde.
- $bleu: Valore della componente blu.

Restituisce un identificatore di colore che rappresenta il colore composto con metodo RGB.
La prima chiamata a imagecolorallocate () colora lo sfondo dell'immagine precedentemente creata con il colore allocato.
Ciascun componente colore può avere un valore compreso tra 0 e 255 o in esadecimale tra 0x00 e 0xFF.

imagepng(), invia immagine al browser o la salva su disco
Invia al browser predefinito l'immagine in formato PNG

Oppure, se formulato in maniera idonea, salva l'immagine su disco.
(Per le specifiche della funzione, si veda il capitolo imagepng())

imagedestroy(), libera la memoria associata con l'immagine

imagedestroy (resource $image)

Parametri

* $image: Una risorsa immagine restituita da una funzione di creazione immagine.

Il prossimo esempio crea un'immagine delle dimensioni di 160 x 120 pixel con fondo verde.
L'immagine viene visualizzata sul monitor, salvata su disco con nome ed estensione
"es_03_imagecreate_Creare_una_nuova_immagine.png".
Infine, con imagedestroy libera la memoria.

es_03_imagecreate_Creare_una_nuova_immagine

```php
<?php
header("Content-Type: image/png"); // imposta il tipo MIME
$Immagine = imagecreate(160, 120); // crea l'immagine di 160 x 120 pixel

// alloca il colore verde, per default lo sfondo si colora di verde
imagecolorallocate($Immagine, 0, 255, 0);
imagepng($Immagine); // visualizza l'immagine nel browser predefinito
imagepng($Immagine," es_03_imagecreate_Creare_una_nuova_immagine.png "); // salva l'immagine
imagedestroy($Immagine); // libera la memoria
?>Risultato:
```

imagejpeg(), crea un'immagine in formato jpeg

Il salvataggio può indifferentemente avere estensione jpg o jpeg.
Questo tipo di immagine non ha trasparenza.

imagejpeg(resource $image [,string $filename [, int $quality]])

Parametri

* $image: Una risorsa immagine restituita da una delle funzioni di creazione immagine.
* $filename: nome del file, opzionale, necessario se viene salvato su disco.
* $quality : Qualità dell'immagine.
  Può assumere valori da 0 (peggiore qualità) a 100 (qualità massima).
  Se omesso assume valore predefinito 75.

Esempi di salvataggio, l'estensione può essere jpg o jpeg :
imagejpeg($Immagine, " NomeFile.jpg", 100); // con qualità massima
imagejpeg($Immagine, " NomeFile.jpeg", 50); // con qualità medio bassa

es_04_imagejpeg

```php
<?php
header("Content-type: image/jpeg");
$Immagine = imagecreate(200, 200); // crea l'immagine
imagecolorallocate($Immagine, 255, 255, 0); // alloca il colore giallo colorandone lo sfondo
imagejpeg($Immagine, NULL, 100); // al browser predefinito con la massima qualità
imagejpeg($Immagine, "es_04_imagejpeg.jpg", 100); // salva su disco con qualità massima (100)
imagedestroy($Immagine); // libera memoria
?>Risultato:
```

imagepng(), crea un'immagine in formato png

PNG è una scelta migliore rispetto all'utilizzo di file GIF, rappresentandone l'evoluzione tecnica, può avere zone trasparenti, è completamente comprimibile e non ci sono problemi legali legati al copyright GIF. PNG permette d'immagazzinare immagini in bianco e nero fino a 16 bit per pixel di profondità, in TrueColor, fino a 48 bit per pixel di profondità di codifica. La compressione è senza perdita (lossless compression) fino al 25% migliore della compressione GIF.

imagepng (resource $image [, string $filename [, int $quality [, int $filters]]])

Parametri

- $image: Una risorsa immagine restituita da una funzione di creazione immagine.
- $filename: nome del file, opzionale, necessario se viene salvato su disco
- $quality: Livello di compressione, 0 nessuna compressione, 9 compressione massima.
- $filters: Permettono la riduzione delle dimensioni del file PNG.
  Si tratta di un campo di maschera di bit che può essere impostato su qualsiasi combinazione di costanti
  PNG_FILTER_XXX.
  PNG_NO_FILTER   PNG_FILTER_NONE   PNG_FILTER_SUB   PNG_FILTER_UP
  PNG_FILTER_AVG   PNG_FILTER_PAETH   PNG_ALL_FILTERS
  Secondo le specifiche PNG alle quali rimandiamo per approfondimenti a questo indirizzo:
  http://www.w3.org/TR/PNG-Filters.html (in lingua inglese),
  Lo scopo di questi filtri è quello di preparare i dati di immagine per la compressione ottimale.

Per salvare l'immagine su disco, è sufficiente aggiungere il nome e l'estensione:
es: imagepng($Immagine,"NomeFile.png"); // salva immagine

es_05_imagepng

```php
<?php
header("Content-type: image/png");
$Immagine = imagecreate(200, 200); // crea immagine di 200 x 200 pixel
imagecolorallocate($Immagine, 0, 255, 255); // alloca il colore azzurro, colorandone lo sfondo
```

```
imagepng($Immagine); // al browser predefinito
imagepng($Immagine,"es_05_imagepng.png"); // salva immagine
imagedestroy($Immagine); // libera meoria
?>Risultato:
```

imagegif(),crea un'immagine in formato GIF

Per impostazione predefinita, l'immagine è in formato GIF87a.
Questo tipo d'immagine può anche avere trasparenza.
La GIF con trasparenza è possibile crearla con la funzione imagecolortransparent()
Poiché il supporto GIF è diverso fra diverse versioni GD, utilizzare PNG è una scelta migliore.

imagegif (resource $image [, string $filename])

Parametri

- $image: Una risorsa immagine restituita da una funzione di creazione immagine.
- $filename: nome del file, opzionale, necessario se viene salvato su disco.

Per salvare l'immagine su disco, è sufficiente aggiungere il nome e l'estensione:
es: imagegif($Immagine,"NomeFile.gif"); // salva immagine

es_06_imagegif

```
<?php
header('Content-Type: image/gif');
$Immagine = imagecreate(200, 200); // crea immagine di 200 x 200 pixel
imagecolorallocate($Immagine, 255, 0, 255); // alloca il colore Viola e per default lo sfondo dell'immagine è
viola
imagegif($Immagine); // al browser predefinito
imagegif($Immagine,"es_06_imagegif.gif"); // salva
imagedestroy($Immagine); // libera memoria
?>Risultato:
```

imagecreatetruecolor(),crea immagini fino a 16,7 milioni di colori

Simile a imagecreate(), ne è la versione evoluta, necessita degli stessi parametri, ma crea immagini in grado di avere fino a 16,7 milioni di colori.
Questa funzione restituisce un identificatore immagine nero delle dimensioni specificate.
In altre parole, se non viene dichiarato e assegnato nessun colore l'immagine ha sfondo nero.

Conosciuta anche con l'espressione "Milioni di colori" dagli utenti Macintosh e Linux, in questa modalità di memorizzazione delle informazioni immagine, il colore di ogni pixel è codificato da tre o più byte.

Di ciascuno dei tre canali RGB (Rosso, Verde e Blu), ogni byte ne esprime l'intensità.
Poiché un byte è formato da 8 bit, può memorizzare 256 valori (2 elevato all'ottava) che per questo tipo di immagine si traducono in 256 intensità differenti per ciascun canale Rosso, Verde e Blu.
La combinazione delle intensità dei tre canali consente di rappresentare 16.777.216 colori differenti.
L'occhio umano è in grado di distinguere "solo" 10 milioni di colori!

Supporta il canale Alpha, per la rappresentazione di immagini traslucide, ombre e dissolvenze.
Il canale Alpha può avere valori fra, 0=completamente opaco, 127=completamente trasparente.

imagecreatetruecolor (int $width , int $height)

Parametri

- $width: Larghezza dell'immagine espressa come numero intero di pixel
- $height: Altezza dell'immagine espressa come numero intero di pixel

L'esempio seguente crea una immagine truecolor di 120 x 120 pixel che apparirà nera.

es_07_imagecreatetruecolor_1

```php
<?php
header ('Content-Type: image/png');
$immagine = imagecreatetruecolor(120, 120); // crea immagine truecolor di 120 x 120 pixel
imagepng($immagine); // al browser
imagepng($immagine,"es_07_imagecreatetruecolor_1.png");// salva
imagedestroy($immagine); // libera memoria
?>
```
Risultato:

truecolor e trasparenza

Di seguito una sintetica illustrazione, per maggiori dettagli si veda il capitolo:
Creare immagini con trasparenza e le funzioni imagecolorallocatealpha (); imagealphablending() ; imagesavealpha() .

Se si desidera creare un'immagine PNG con sfondo o parti trasparenti sono necessarie le seguenti operazioni. Creare l'immagine TrueColor nel modo sopra descritto, quindi "colorare" l'immagine con un colore impostando il canale Alpha al valore 127, cioè completamente trasparente.

Il PNG risultante dell'esecuzione dal codice seguente, avrà un rettangolo rosso su uno sfondo completamente trasparente.

es_08_imagecreatetruecolor_2

```php
<?php
$Immagine = imagecreatetruecolor(320, 240);// crea immagine truecolor
imagesavealpha($Immagine, true); // imposta il flag per salvare informazioni con canale Alpha
$CanaleAlpha = imagecolorallocatealpha($Immagine, 0, 0, 0, 127); // vedere il paragrafo imagesavealpha()
imagefill($Immagine, 0, 0, $CanaleAlpha); // rende immagine trasparente, vedere paragrafo imagefill()
imagepng($Immagine,"es_08_imagecreatetruecolor_2_A.png");// salva immagine su disco

// L'immagine è completamente trasparente. Verificare, eventualmente, con un software di grafica
$Rosso = imagecolorallocate($Immagine, 255, 0, 0); // alloca il colore rosso

// disegna sull'immagine un rettangolo rosso
imagerectangle($Immagine, 40,40,280,200, $Rosso); // vedere paragrafo imagerectangle() per i dettagli

header("Content-type: image/png");
imagepng($Immagine); // al browser
imagepng($Immagine,"es_08_imagecreatetruecolor_2_B.png"); // salva immagine
imagedestroy($Immagine); // libera memoria
?>Risultato:
```

imageistruecolor(), verifica se l'immagine è TrueColor

Questo tipo di immagini consente di rappresentare 16.777.216 colori più il canale di trasparenza.

imageistruecolor (resource $image)

Parametri

* $imag: Una risorsa immagine, restituita da una delle funzioni di creazione immagini, come ad esempio imagecreate() o imagecreatetruecolor().

Restituisce TRUE se l'immagine è TrueColor, altrimenti FALSE.

es_09_imageistruecolor

```php
<?php
// crea due immagine per i test
$ImmagineA = imagecreate(30,20);
$ImmagineB = imagecreatetruecolor(30,20);

// esegue i test
if(imageistruecolor($ImmagineA))
{echo"<br>immagineA = immagine truecolor";}
else
```

```
{echo"<br>immagineA = immagine NON truecolor";}
if(imageistruecolor($ImmagineB))
{echo"<br>immagineB = immagine truecolor";}
else
{echo"<br>immagineB = immagine NON truecolor";}


imagedestroy($ImmagineA);imagedestroy($ImmagineB); // libera memoria
?>
```

Caricare immagini e manipolarle

GD permette di caricare immagini esistenti precedentemente memorizzate su supporto fisico.
Queste immagini possono poi essere manipolate con i comandi della libreria.
I formati più usati sono JPEG (JPG), PNG, GIF.
Le funzioni per caricare i file hanno fra loro minime differenze dovute al diverso tipo di formato.
Queste funzioni sono imagecreatefromgif(), imagecreatefromjpeg(), imagecreatefrompng()
operano in modo analogo alla funzione imagecreate() ma invece di passare i parametri larghezza e altezza
come accade con imagecreate(), è necessario passare, eventuale percorso, ed il nome del file immagine.
Ciascuna funzione restituisce un identificatore immagine che rappresenta l'immagine ottenuta dal nome del
file specificato (se in altra cartella è necessario eventuale percorso).

imagecreatefromgif(), carica immagine in formato gif

es_12_imagecreatefromgif

```
<?php
header('Content-Type: image/gif');
$immagine = imagecreatefromgif('es_12_immagine_test.gif'); // carica l'immagine
imagegif($immagine); // la mette a video
imagedestroy($immagine); // libera memoria
?>
```


imagecreatefromjpeg(), carica immagine in formato jpeg

Occorre fare attenzione fra jpeg e jpg che sono al stessa cosa, ma nella funzione è usato jpeg

es_13_imagecreatefromjpeg

```
<?php
header('Content-Type: image/jpeg');
$immagine = imagecreatefromjpeg('es_13_immagine_test.jpg'); // carica l'immagine
imagejpeg($immagine); // la mette a video
imagedestroy($immagine); // libera memoria
?>
```

imagecreatefrompng(), carica immagine in formato png.

es_14_imagecreatefrompng

```php
<?php
header('Content-Type: image/png');
$immagine = imagecreatefrompng('es_14_immagine_test.png'); // carica l'immagine
imagepng($immagine); // la mette a video
imagedestroy($immagine); // libera memoria
?> Risultato es: 12, 13, 14
```

imagecreatefromstring(), crea immagine da una stringa

Restituisce un identificatore immagine che rappresenta l'immagine ottenuta dai dati. (JPEG, PNG, GIF, WBMP, GD2).
Per constatare una rappresentazione reale di immagine per questo metodo, aprire un'e-mail che contenga un'immagine allegata, quindi dalla voce menù "Visualizza" selezionare la sottovoce "Sorgente del messaggio".

es_15_imagecreatefromstring

```php
<?php
$data =
'/9j/4QAYRXhpZgAASUkqAAgAAAAAAAAAAAAAP/sABFEdWNreQABAAQAAAAeAAD/7gAhQWRv'
.'YmUAZMAAAAABAwAQAwIDBgAAApUAAAO5AAAINf/bAIQAEAsLCwwLEAwMEBcPDQ8XGxQQEBQb'
.'HxcXFxcXHx4XGhoaGhceHiMlJyUjHi8vMzMvL0BAQEBAQEBAQEBAQEBAQERDw8RExEVEhIV'
.'FBEUERQaFBYWFBomGhocGhomMCMeHh4elzArLicnJy4rNTUwMDU1QEA/QEBAQEBAQEBAQEBA'
.'/8IAEQgANQBkAwEiAAIRAQMRAf/EALcAAAIDAQEBAAAAAAAAAAAAAAAFAwQGAgEHAQADAQEA'
.....................
..................... vedere la stringa completa nel file es_15_imagecreatefromstring.php
.....................
.'lo/sa/v4HilohdlXTdRL2mRey6jlZfWOjEYRgySEAMNICaYnlnXi2+qaZlqRqRAdAqvmx+xj'
.'rztJ/XhEjREiSumFBoQahpOS8tDt24futskLSAK7gszaQQ1Osx2kYeC4iWaKQqWViRmlaZqR'
.'vw1taxLBHPcKCqljUqpdiSxO5cW81zbLNNOXcszOKKG0KAFYD3TgSW1pFFINklC7LzrxCwB8'
.'2CSSSTUk5knHyzw/9y4/Wl2rbxna7/W+EY+S6P8AT4XBplWnxfzV61d/kN54Y4tLquplIrDl'
.'29l5Dzjz1wy3dmtmGGgzxxrwmFdnFjXIHcaY1RsHXepr7PoBJESRAdQWRFcAkUJGoHAAACqA'
.'qqoCqqjYAFoBgRa+JMxosMQMkhO4KlcAyqfC7Q7WejXLj6qjqp588d3soxGldTttd25WdjmT'
.'9BuJTRTratlOeuG16O85/sq8XVz8HL72WD3V/E0Xk4iQOv8A2OrY/TuGP+SCMfkuDj++tOaF'
.'a+ufFZri8YcoggtlPpe4b2YHzQ+JEf8Asqlq1FK92y/hvwfkvdtHvd30V+1pz9P0P//Z';

$data = base64_decode($data);
$immagine = imagecreatefromstring($data);
header('Content-Type: image/png');
imagepng($immagine);
imagepng($immagine, "es_15_imagecreatefromstring.png");
imagedestroy($immagine);
```

?>Risultato:

File, esistenza e dimensioni

Quando devono caricare file esistenti su disco, è importante verificare la loro reale presenza ed in caso di esito negativo evitare di mandare in esecuzione codice che genererebbe errore.
Una volta appuratone l'esistenza e caricato in memoria è di solito necessario conoscerne le dimensioni.

file_exists, verifica esistenza file

Permette di verificare l'esistenza di un file sul server.
Non fa tecnicamente parte della libreria GD2 perché può testare l'esistenza di un qualsiasi tipo di file, anche non grafico come ad es. testo, audio, video ecc.

file_exists (string $filename)

Descrizione

* $filename: Il nome di un file compresa estensione (e percorso se in altra cartella).

Restituisce TRUE se il file esiste, in caso contrario FALSE.

Note:

1. Restituisce FALSE per i link simbolici che puntano a file inesistenti.
2. Restituisce FALSE per i file inaccessibili a causa di modalità provvisoria o restrizioni.
3. Può restituire risultati imprevisti per i file che sono più grandi di 2 GB.

es_15_A_file_exists

```php
<?php
// verifica esistenza file cane.png
$filename = "cane.jpg";
if (file_exists($filename)) {echo "il file $filename esiste<br>";}
else {echo "Il file $filename non esiste<br>";}

// verifica esistenza file gatto.png
$filename = "gatto.png";
if (file_exists($filename)) {echo "il file $filename esiste<br>";}
else {echo "Il file $filename non esiste<br>";}
?>
```

getimagesize(),ottenere la dimensione di un'immagine

Legge le dimensioni di un file immagine e restituire un array i cui indici 0 e 1 contengono il valore di larghezza e altezza dell'immagine.

Indice 2 (il terzo da zero) è una costante IMAGETYPE_XXX, indica il tipo di immagine.
Indice 3 (il quarto da zero) è una stringa di testo con dimensioni formattate per tag in pagine web.

getimagesize (string $filename [, array &$imageinfo])

Parametri

- $filename: Il file del quale si desidera recuperare le informazioni.
  Si può fare riferimento a un file locale o (configurazione permettendo) un file remoto.
- $imageinfo: Parametro opzionale consente, di estrarre alcune informazioni aggiuntive.

es_15_B_getimagesize

```php
<?php
$NomeFile = "cane.jpg";
$infoImage = getimagesize($NomeFile); //Legge le dimensioni di una immagine
echo "<br>$NomeFile : larghezza = ".$infoImage[0]; // larghezza
echo " altezza = ".$infoImage[1]; // altezza
echo "<br>costante IMAGETYPE_XXX = ".$infoImage[2];
echo "<br>Dimensioni formattate per tag in pagine web = ".$infoImage[3];
?>Immagine testata: cane.jpg
```

Risultato:
cane.jpg : larghezza = 230 altezza = 179
costante IMAGETYPE_XXX = 2
Dimensioni formattate per tag in pagine web = width="230" height="179"

imagesx() e imagesy(), larghezza e altezza di un'immagine

imagesx (resource $image) - imagesy (resource $image)

Parametri

- $image: Una risorsa immagine restituita da una funzione di creazione immagine.

es_15_C_imagesx_imagesy

```php
<?php
$img = imagecreatetruecolor(300, 200);// crea immagine di 300*200 pixel
echo "<br>Larghezza immagine: ".imagesx($img); // 300
echo "<br>Altezza immagine: ".imagesy($img); // 200
?>
```

imagegrabscreen(), cattura lo schermo

Ad oggi (2016), questa funzione è disponibile solo su Windows. L'esempio seguente dimostra come acquisire uno screenshot della schermata corrente e salvarla come immagine png.

es_16_imagegrabscreen

```php
<?php
header('Content-Type: image/png');
$immagine = imagegrabscreen(); // cattura lo schermo
imagepng($immagine, "es_16_imagegrabscreen.png"); // salva l'immagine in formato png
imagedestroy($immagine);// libera memoria
?>
```

imagecolorstotal(), legge quantità colori nella tavolozza corrente

Da utilizzare per le immagini che hanno fino a 256 colori, ritorna 0 per le immagini TrueColor.

imagecolorstotal (resource $image)

Parametri

- $image: Una risorsa immagine restituita da una funzione di creazione immagine.

es_17_imagecolorstotal

```php
<?php
// Carica immagine gif con max 256 colori
$Immagine = imagecreatefromgif('es_17_imagecolorstotali.gif');echo "Colori che compongono l'immagine
'ImmagineTestColori.gif' : " . imagecolorstotal($Immagine);
imagedestroy($Immagine); // libera memoria
?>Immagine letta nell'esempio:
```

Disegnare sulle immagini

Dopo aver creato o caricato da disco un'immagine, eventualmente impostato il colore per lo sfondo, è
possibile iniziare a disegnare su di essa.
GD fornisce le funzioni necessarie per disegnare punti, linee, rettangoli, ellissi, archi, poligoni ecc.
Fornisce anche filtri già pronti all'uso per le manipolazione di figure complesse, esposti in capitoli successivi.

Per quanto riguarda agli argomenti che è necessario passare alle funzioni GD, tutte seguono un modello
simile fra loro seguendo questo schema:

1. Risorsa immagine (immagine su cui si opera).
2. Coordinate x,y dei pixel che si desidera disegnare o usare come riferimento per linee archi ecc.
   La loro quantità varia in ragione della forma che si desidera tracciare.
   Per es. se si disegna un solo pixel, è necessario fornire solo le coordinate x, y, di quel punto, se si
   disegna un segmento, è necessario fornire le coordinate x,y dei punti di inizio e fine.
3. L'ultimo parametro è sempre il colore con il quale si desidera disegnare.

imagesetpixel(), disegnare un singolo pixel

imagesetpixel(resource $image , int $x , int $y , int $color)

Parametri

- $image: Una risorsa immagine restituita da una delle funzioni di creazione immagine.
- $x: coordinata x del punto da disegnare
- $y: coordinata y del punto da disegnare
- $color: Colore del punto

es_18_imagesetpixel

```php
<?php
$Immagine = imagecreate(160, 120); // alloca in memoria lo spazio per una immagine di 160x120 pixel
imagecolorallocate($Immagine,100, 255, 50); // l'immagine è colorata con una tonalità di verde.
$Rosso = imagecolorallocate($Immagine,255,0,0); // setta il colore rosso per disegnare il pixel
imagesetpixel($Immagine, 80,60, $Rosso); // colora in rosso il pixel nella posizione x,y = 80,60

header('Content-Type: image/png');
imagepng($Immagine); /// // crea immagine in formato png e la invia al browser predefinito
imagepng($Immagine, "es_18_imagesetpixel.png" ); // salva l'immagine in formato png
imagedestroy($Immagine); // libera la memoria ustata per l'immagine
?>Risultato:
```

imageline(), disegna una linea

Funzione che permette di disegnare un segmento di retta.
Sostanzialmente uguale a imagesetpixel(), l'unica differenza è che oltre a richiedere le coordinate x,y del punto di partenza richiede anche le coordinate x,y di fine del segmento.

imageline (resource $image , int $x1 , int $y1 , int $x2 , int $y2 , int $color)

Parametri

- $image: Una risorsa immagine, restituita da una delle funzioni di creazione immagine.
- $x1: coordinata x di inizio del segmento
- $y1: coordinata y di inizio del segmento
- $x2: coordinata x di fine del segmento
- $y2: coordinata y di fine del segmento
- $color : colore del segmento

es_19_imageline

```php
<?php
$Immagine = imagecreate(160, 120); // alloca in memoria lo spazio per una immagine di 160x120pixel
```

imagecolorallocate($Immagine,100, 255, 50); // l'immagine è colorata con una tonalità di verde.
$Rosso = imagecolorallocate($Immagine,255,0,0); // setta il colore rosso
imageline($Immagine, 80,60,160,120, $Rosso); // disegna segmento rosso tra x,y=80,60 e x,y =160,120
header('Content-Type: image/png');
imagepng($Immagine); // invia al browser predefinito
imagepng($Immagine, "es_19_imageline.png"); // // salva l'immagine
imagedestroy($Immagine); // libera memoria
?> Risultato:

imagesetstyle(),imposta lo stile per disegnare parti tratteggiate

Lo stile può essere utilizzato da tutte le funzioni che disegnano linee come ad es. Imageline() e imagepolygon ().
Esistono due costanti, IMG_COLOR_STYLED e IMG_COLOR_STYLEDBRUSHED, una sorta di "colori speciali" che possono essere utilizzati al posto dei colori allocati con imagecolorallocate() e/o imagecolorallocatealpha()
Vedere i capitoli che approfondiscono questi argomenti.

imagesetstyle (resource $image , array $style)

Parametri

- $image: Una risorsa immagine, restituita da una funzione di creazione immagine.
- $style: Una gamma di colori.

È possibile utilizzare la costante IMG_COLOR_TRANSPARENT per aggiungere pixel trasparenti.
Il seguente esempio crea un'immagine con sfondo giallo e disegna una linea tratteggiata di colore verde, rosso e trasparente (6 punti ciascuno) fra i due angoli opposti dell'immagine.

es_20_imagestyle

```php
<?php
$Immagine = imagecreatetruecolor(160, 120);
$Giallo = imagecolorallocate($Immagine, 255, 255, 0); // alloca il giallo per lo sfondo dell'immagine
imagefill($Immagine, 0, 0, $Giallo); // Colora lo sfondo di giallo.
$Verde = imagecolorallocate($Immagine, 0, 255, 0); // alloca colore verde
$Rosso = imagecolorallocate($Immagine, 255, 0, 0); // alloca colore rosso

$style = array(// prepara lo style per scrivere il segmento
        $Rosso, $Rosso, $Rosso,$Rosso, $Rosso, $Rosso, // 6 pixel rossi
        $Verde, $Verde, $Verde,$Verde, $Verde, $Verde, // 6 pixel verdi
        IMG_COLOR_TRANSPARENT,IMG_COLOR_TRANSPARENT,IMG_COLOR_TRANSPARENT,IM
G_COLOR_TRANSPARENT,IMG_COLOR_TRANSPARENT
        );
imagesetstyle($Immagine, $style); // associa lo style all'immagine
imageline($Immagine, 0, 0, 160, 120, IMG_COLOR_STYLED); // disegna il segmento

header("Content-type: image/jpeg");
imagejpeg($Immagine); // al browser
```

```php
imagepng($Immagine, "es_20_imagestyle.png" ); // salva
imagedestroy($Immagine); // libera memoria
?>Risultato:
```

imagedashedline(), disegna una linea tratteggiata

Segnalata qui per completezza, presenta un bug almeno fino alla versione PHP 5.1.1. **Utilizzare imagesetstyle()**

imageantialias(), sfumare i bordi per non far notare le scalettature

Consente di sfumare i bordi delle linee oblique in modo da minimizzare le scalettature.
Per eseguire tale compito inserisce attorno alle scalettature di archi, linee oblique o lettere, dei pixel con colori man mano più chiari così da annullare lo sgradevole effetto.
Funziona solo con le immagini TrueColor e non supporta il canale di trasparenza Alpha.

imageantialias (resource $image , bool $enabled)

Parametri

- $image: Una risorsa immagine restituita da una funzione di creazione immagine.
- $enabled : true o false. Abilita/disabilita l'antialias

es_21_imageantialias

```php
<?php
// Impostazione di un'immagine anti-aliasing e una immagine normale
$ImmagineAntialias = imagecreatetruecolor(400, 100);
$ImmagineNormale = imagecreatetruecolor(200, 100);

// Attiva antialiasing per l'immagine $ImmagineAntialias
imageantialias($ImmagineAntialias, true);

// alloca colori per entrambe le immagini
$Rosso1 = imagecolorallocate($ImmagineNormale, 255, 0, 0);
$Rosso2 = imagecolorallocate($ImmagineAntialias, 255, 0, 0);

// Disegna linee curve per mostrarne la differenza grafica, vedere imageellipse() per approfondimenti
imageellipse($ImmagineNormale, 0, 0, 200, 100, $Rosso1);
imageellipse($ImmagineAntialias, 0, 0, 200, 100, $Rosso2);

// Unisce le due immagini a fianco per mostarne le differenze nell'otpout.
imagecopymerge($ImmagineAntialias, $ImmagineNormale, 200, 0, 0, 0, 200, 100, 100);

header('Content-type: image/png');
imagepng($ImmagineAntialias); // al browser
imagepng($ImmagineAntialias, "es_21_imageantialias.png"); // salva immagine
```

imagedestroy($ImmagineAntialias); imagedestroy($ImmagineNormale); // libera memoria
?>Risultato:

imagerectangle(), disegnare rettangoli

imagerectangle (resource $image , int $x1 , int $y1 , int $x2 , int $y2 , int $color)

Parametri

- $image: Una risorsa immagine restituita da una funzione di creazione immagine.
- $x1: Coordinata x, del punto in alto a sinistra del rettangolo
- $y1: Coordinata y, del punto in alto a sinistra del rettangolo
- $x2: Coordinata s, del punto in basso a destra rettangolo
- $y2: Coordinata y, del punto in basso a destra rettangolo
- $color : Un identificatore di colore creato con imagecolorallocate()

Una volta creata oppure caricata l'immagine, per disegnare un rettangolo è necessario specificare due posizioni x,y all'interno di questa, cioè i due angoli opposti del rettangolo.
La sintassi di imagerectangle() è simile alla funzione imageline(), solo che con imagerectangle(), le coordinate x,y di inizio e x,y finali non determinano inizio e fine del segmento, ma le posizioni degli angoli opposti del rettangolo.
Non è strettamente necessario che siano passati in un'ordine particolare, infatti le funzioni
imagerectangle($immagine, 80,60,150,110, $rosso)
imagerectangle($immagine, 150,110,80,60, $rosso)
producono lo stesso risultato.

es_22a_imagerectangle

```php
<?php
$Immagine = imagecreate(160, 120); // crea immagine di 160 x 120 pixel
imagecolorallocate($Immagine,0, 255, 0); // l'immagine è colorata di verde.
$Rosso = imagecolorallocate($Immagine,255,0,0); // alloca il colore rosso
imagerectangle($Immagine, 80,60,150,110, $Rosso); // disegna un rettangolo

header('Content-Type: image/png');
imagepng($Immagine);// al browser predefinito
imagepng($Immagine, "es_22a_imagerectangle.png" ); // salva l'immagine
imagedestroy($Immagine); // libera memoria
?>Risultato:
```

imagefilledrectangle(), disegna rettangoli opachi colore del bordo

imagerectangle (resource $image , int $x1 , int $y1 , int $x2 , int $y2 , int $color)

Parametri

- $image: Una risorsa immagine restituita da una funzione di creazione immagine.
- $x1: Coordinata x, del punto in alto a sinistra del rettangolo
- $y1: Coordinata y, del punto in alto a sinistra del rettangolo
- $x2: Coordinata s, del punto in basso a destra rettangolo
- $y2: Coordinata y, del punto in basso a destra rettangolo
- $color : Un identificatore di colore creato con imagecolorallocate()

es_22b_imagefilledrectangle

Disegna un rettangolo colorato all'interno con il colore dei lati.
L'unica differenza con l'esempio precedente è questa linea:

imagefilledrectangle($Immagine, 80,60,150,110, $Rosso); // disegna un rettangolo colorato come perimetro
che sostituisce
imagerectangle($Immagine, 80,60,150,110, $Rosso); // disegna un rettangolo
Risultato:

imageellipse(), disegna ellissi e circonferenze

Disegna circonferenza ed ellisse centrate alle coordinate specificate.

imageellipse (resource $image , int $cx , int $cy , int $width , int $height , int $color)

Parametri

- $image: una risorsa immagine restituita da una funzione di creazione immagine.
- $cx: coordinata x del centro
- $cy: coordinata y del centro
- $width: larghezza dell'ellisse sull'asse X
- $height: altezza dell'ellisse sull'asse Y
- $color: colore dell'ellisse. Un identificatore di colore creato con imagecolorallocate()

Per disegnare un'ellisse è necessario fornire il suo punto centrale, e specificare il diametro dell'ellisse secondo gli assi x e y.

Questo significa che se i diametri hanno lo stesso valore, invece di un'ellisse sarà disegnato un cerchio.

Nel caso l'ellisse esca fuori dall'immagine, non ci sarà nessun errore, solo che quella parte non sarà disegnata.

s_23_imageellipse

```php
<?php
$immagine = imagecreatetruecolor(250, 250); // Crea l'immagine di 300 x 300 pixel
$Verde = imagecolorallocate($immagine, 0, 255, 0); // alloca colore verde
imagefill($immagine, 0, 0, $Verde);// definisce in verde lo sfondo dell'immagine.
$Rosso = imagecolorallocate($immagine, 255, 0, 0); // alloca colore rosso

// Disegna ellisse e cerchio
imageellipse($immagine, 125, 125, 240, 100, $Rosso); // ellisse
imageellipse($immagine, 125, 125, 150, 150, $Rosso); // cerchio

header("Content-type: image/png");
imagepng($immagine); // al browser predefinito
imagepng($immagine, "es_23_imageellipse.png"); // salvata
imagedestroy($immagine);// libera memoria
?>Risultato:
```

imagefilledellipse(), disegna ellissi opache del colore del bordo

Praticamente identica a imageellipse(), si distingue da questa perché il colore utilizzato, invece di essere usato solo per il disegno, ne riempie anche la superficie.

es_24_imagefilledellipse

```php
<?php
$Immagine = imagecreatetruecolor(250, 250);// Crea l'immagine di 300 x 300 pixel
$Verde = imagecolorallocate($Immagine, 0, 255, 0); // alloca colore verde
imagefill($Immagine, 0, 0, $Verde);// definisce in verde lo sfondo dell'immagine.
// Definisce il colore per ellisse e cerchio come rosso e blu

$Rosso = Imagecolorallocate($Immagine, 255, 0, 0);
$Blu = imagecolorallocate($Immagine, 0, 0, 255);

// Disegna ellisse e cerchio con l'interno colorato
imagefilledellipse($Immagine, 125, 125, 240, 100, $Rosso); // ellisse
imagefilledellipse($Immagine, 125, 125, 150, 150, $Blu); // cerchio

header("Content-type: image/png");
imagepng($Immagine); // al browser predefinito
imagepng($Immagine, "es_24_imagefilledellipse.png"); // salva
imagedestroy($Immagine); // libera memoria
```

?>Risultato:

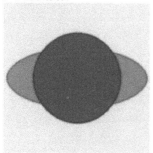

imagearc(), disegnare archi

In geometria un arco è definito la parte di una curva regolare compresa fra due suoi punti, detti estremi dell'arco, con GD2, per disegnare un arco, è necessaria la funzione imagearc().

Identificatori per il disegno di un arco

Pur essendo stata ideata per tracciare archi, questa funzione è molto flessibile tanto che, con parametri idonei, è possibile creare facilmente anche circonferenze ed ellissi.

Gli archi, i cui valori sono in gradi, vengono disegnati in senso orario, dove 0° è l'angolo all'estremità destra dell'asse X di un'ipotetica ellisse.

Da quel punto, il disegno avviene sulla circonferenza dell'ellisse muovendosi in senso orario, cioè verso il basso e verso sinistra, fino a compiere tutto il percorso fino al punto di partenza.

Per esempio, specificando un angolo iniziale di 90° e un angolo finale di 180°, si potrebbe creare un arco a partire dal punto più basso e terminare all'estrema sinistra. Invece un inizio di 180° e finale a 270° disegna un arco di dimensioni analoghe ma ribaltato rispetto al precedente.

Per disegnare un'ellisse o cerchio basta specificare un arco della dimensione di 360°.

imagearc (resource $image , int $cx , int $cy , int $width , int $height , int $start , int $end , int $color)

Parametri

- $image: Una risorsa immagine restituita da una funzione di creazione immagine.
- $cx: Coordinata x del centro del cerchio o ellisse del quale fa parte l'arco.
- $cy: Coordinata y del centro del cerchio o ellisse del quale fa parte l'arco.
- $width: Diametro sull'asse X, del cerchio o ellisse, di cui l'arco fa parte.
- $height: Diametro sull'asse Y, del cerchio o ellisse, di cui l'arco fa parte.
- $start: Punto di partenza dell'arco angolare espresso in gradi (0° - 360°)
- $end: Punto finale dell'arco angolare espresso in gradi (0° - 360°)
    - 0° punto di partenza alla posizione ore 3, l'arco viene disegnato in senso orario.
    - 90 a ore 6
    - 180 a ore 9
    - 270 a ore 12
- $color: un identificatore di colore creata con imagecolorallocate ().

L'es_25_imagearc evidenzia la diversità degli archi su circonferenza ed ellissi in funzione dei punti di inizio e fine (espressi in gradi) dell'arco.

es_25_imagearc

http://www.taccetti.net/web/phpgd2/index.php?id=51

```php
<?php // es_25_imagearc
$RaggioOrizzontale = isset($_POST['RaggioOrizzontale']) ? $_POST['RaggioOrizzontale'] : 200;
$RaggioVerticale = isset($_POST['RaggioVerticale']) ? $_POST['RaggioVerticale'] : 80;
$GradiStart = isset($_POST['GradiStart']) ? $_POST['GradiStart'] : 200;
$GradiEnd = isset($_POST['GradiEnd']) ? $_POST['GradiEnd'] : 120;

function DisegnaArco($Immagine,$RaggioOrizzontale,$RaggioVerticale,$GradiStart,$GradiEnd){
// prepara lo style tratteggiato per disegnare circonferenze ed ellissi tratteggiate
$Giallo = imagecolorallocate($Immagine, 255,255,0); // alloca il giallo per l'arco
$style = array($Giallo, $Giallo, $Giallo, // 3 pixel giallo
IMG_COLOR_TRANSPARENT,IMG_COLOR_TRANSPARENT,IMG_COLOR_TRANSPARENT//3 pixel
trasparenti
);
imagesetstyle($Immagine, $style);// associa lo style all'immagine
imagesetthickness($Immagine, 3);// dimensione del tratto 3 pixel(non agisce su imageellipse )

// circonferenze
imageellipse($Immagine, 200, 200, $RaggioOrizzontale, $RaggioVerticale, IMG_COLOR_STYLED);
 $GradiStart, $GradiEnd, $Giallo);
imagestring($Immagine, 5, 20, 15, "Raggi O:V=$RaggioOrizzontale:$RaggioVerticale
Gradi:$GradiStart:$GradiEnd" , $Giallo); // scrive testo
}

$Immagine = imagecreatetruecolor(400, 400);// crea immagine
$Viola = imagecolorallocate($Immagine, 173, 0, 173); // alloca colore viola
imagefill($Immagine, 0, 0, $Viola);// sfondo immagine in viola
$Giallo = imagecolorallocate($Immagine, 255,255,0); // alloca il giallo per l'arco
imageline ($Immagine, 0 , 200 , 400 , 200 , $Giallo );
imageline ($Immagine, 200 , 0 , 200 , 400 , $Giallo );// assi
imagestring($Immagine, 5, 40, 185, "180' 0'",$Giallo); // scrive testo
imagestringup($Immagine, 5, 185, 355, "90' 270'",$Giallo); // scrive testo

DisegnaArco($Immagine,$RaggioOrizzontale,$RaggioVerticale,$GradiStart,$GradiEnd);
imagepng($Immagine,"es_25_imagearc.png");// salva
imagedestroy($Immagine);// libera la memoria
?>
<!doctype html><html><head><meta charset="utf-8"></head><body>
<img src="es_25_imagearc.png">
</body></html>
```

Esempio di risultati:

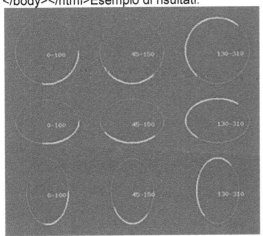

Con imagearc() è possibile disegnare spirali come nell'esempio che segue.

es_26_imagearc_disegnare_spirali

http://www.taccetti.net/web/phpgd2/index.php?id=75

```php
<?php
$Immagine = imagecreate(500, 500);// crea immagine
imagecolorallocate($Immagine, 255, 255, 0); // sfondo giallo
$Rosso = imagecolorallocate($Immagine, 255, 0, 0); // rosso, colore della spirale
$Raggio = 0; $AngoloSpirale = 0; // valori di partenza
$VAS = 13; // variazione angolo della spirale

while($Raggio <= 500 ) {          // loop che crea la spirale
        // Disegna gli archi
imagearc($Immagine, 250, 250, $Raggio, $Raggio, $AngoloSpirale-$VAS, $AngoloSpirale, $Rosso);
$AngoloSpirale += $VAS;
$Raggio++;
}
header("Content-Type: image/png");
imagepng($Immagine); // al browser
imagepng($Immagine,"es_26_imagearc_disegnare_spirali.png"); // salva immagine
imagedestroy($immagine);// libera la memoria
?> Risultato:
```

Con minimi cambiamenti rispetto all'esempio precedente, questo script disegna un vortice.

es_27_imagearc_disegnare_vortici

http://www.taccetti.net/web/phpgd2/index.php?id=76

```php
<?php
$Immagine = imagecreate(500, 500);// crea immagine
imagecolorallocate($Immagine, 255, 255, 0); // sfondo giallo

// colori del vortice
$Colore[0] = imagecolorallocate($Immagine, 255, 0, 0); // rosso
$Colore[1] = imagecolorallocate($Immagine, 0, 0, 255); // blu

$Raggio = 0; $AngoloVortice = 0; $C = 0; // valori di partenza

while($Raggio <= 500 ) {  // loop che crea il vortice

// Disegna gli archi
imagearc($Immagine, 250, 250, $Raggio, $Raggio, $AngoloVortice-15, $AngoloVortice, $Colore[$C]);
$AngoloVortice += 28;
$Raggio++;
$C++; if($C>1){$C = 0;}
}

header("Content-Type: image/png");
imagepng($Immagine); // al browser
imagepng($Immagine,"es_27_imagearc_disegnare_vortici.png"); // salva immagine
imagedestroy($immagine);// libera la memoria
```

?>Risultato:

imagefilledarc(),disegna arco,corda,triangolo opaco o trasparente

Simile a imagearc ma molto più flessibile, l'arco può anche essere disegnato come corda e la superfice delimitata fra i margini ed il centro può essere colorata. Con questa funzione possono essere disegnate circonferenze ed ellisse, nel primo caso i valori degli assi X ed Y sono identici.
L'arco viene disegnato in senso orario da 0 a 360 gradi con 0 a ore 3.
Se usati valori superiori a 359, non sarà generato errore, ma il sistema sottrarrà 360 dal valore dato.

imagefilledarc(resource $image,int $cx,int $cy,int $width,int $height,int $start,int $end,int $color,int $style)

Parametri

- $image: una risorsa immagine restituita da una funzione di creazione immagine.
- $cx: coordinata x del centro del cerchio o ellisse del quale fa parte l'arco
- $cy: coordinata y del centro del cerchio o ellisse del quale fa parte l'arco
- $width: diametro del cerchio o ellisse di cui l'arco fa parte secondo l'asse x
- $height: diametro del cerchio o ellisse di cui l'arco fa parte secondo l'asse y
- $start: punto di partenza dell'arco espresso in gradi
- $end: punto di fine dell'arco espresso in gradi
  Considerando la circonferenza di un orologio, questi della circonferenza in gradi:
    - 0° alla posizione di ore 3
    - 90° è a ore 6
    - 270° è a ore 12
    - 360° è sovrapponibile a ore 3
- $color: un identificatore di colore creata con imagecolorallocate ()
- $style: uno dei seguenti parametri dove:
  IMG_ARC_PIE e IMG_ARC_CHORD si escludono a vicenda.
    - IMG_ARC_CHORD connette angoli di partenza e arrivo con un segmento di retta.
    - IMG_ARC_PIE connette gli angoli di partenza e arrivo con una linea curva.
      L'area circoscritta (raggi dal centro) è riempita del colore stabilito nella funzione.
    - IMG_ARC_NOFILL indica che l'arco o la corda che congiunge l'angolo di partenza e quello di arrivo sono disegnati.
      Non sono disegnati i raggi dal centro e l'area circoscritta non è riempita.
    - IMG_ARC_EDGED e IMG_ARC_NOFILL utilizzati nello stesso tempo, indicano che gli angoli di inizio e fine sono connessi col centro del cerchio.
      Metodo per sottolineare (piuttosto che riempire) una porzione di circonferenza.

Il valore in gradi del punto iniziale può anche essere maggiore del punto finale.
Ad esempio: arco da 270° a 30°, verrà disegnato un tratto continuativo 270°-359° + 0°-30°

Il seguente esempio mostra le diverse opzioni di style.

es_28_imagefilledarc

http://www.taccetti.net/web/phpgd2/index.php?id=52

```php
<?php // es_28_imagefilledarc
$ArcoLarghezza = isset($_POST['ArcoLarghezza']) ? $_POST['ArcoLarghezza'] : 200;
$ArcoAltezza = isset($_POST['ArcoAltezza']) ? $_POST['ArcoAltezza'] : 150;
$GradiInizio = isset($_POST['GradiInizio']) ? $_POST['GradiInizio'] : 0;
$GradiFine = isset($_POST['GradiFine']) ? $_POST['GradiFine'] : 120;
$Costante = isset($_POST['Costante']) ? $_POST['Costante'] : 0;
$k = array("IMG_ARC_PIE","IMG_ARC_CHORD","IMG_ARC_NOFILL");
$k[6] = "IMG_ARC_EDGED+IMG_ARC_NOFILL";
$k[7] = "IMG_ARC_EDGED+IMG_ARC_NOFILL+IMG_ARC_CHORD";

function CreaArc($ArcoLarghezza,$ArcoAltezza,$GradiInizio,$GradiFine,$Costante){

/*
0 = IMG_ARC_PIE              1 = IMG_ARC_CHORD
2 = IMG_ARC_NOFILL  6 = IMG_ARC_EDGED+IMG_ARC_NOFILL
7 = IMG_ARC_EDGED+IMG_ARC_NOFILL+IMG_ARC_CHORD
*/

$Immagine = imagecreatetruecolor(300, 300);// crea immagine
imagefill($Immagine, 0,0, imagecolorallocate($Immagine, 255, 255, 0)); // sfondo immagine Giallo
$Rosso = imagecolorallocate($Immagine, 255, 0, 0);
$Verde = imagecolorallocate($Immagine, 0, 255, 0);
$Blu = imagecolorallocate($Immagine, 0, 0, 255);

// evidenzia circonferenza completa
imagefilledarc($Immagine, 150, 150, $ArcoLarghezza, $ArcoAltezza, 0, 359, $Verde, 2);
imagestring($Immagine, 5 , 15 , 142 , "180----------------------0" , $Blu );
imagestringup($Immagine, 5 , 142 , 270 , "90----------------------270" , $Blu );

// erco selezionato
imagefilledarc($Immagine, 150, 150, $ArcoLarghezza, $ArcoAltezza, $GradiInizio, $GradiFine, $Rosso, $Costante);

imagepng($Immagine, "es_28_imagefilledarc.png"); // salva
imagedestroy($Immagine); // libera memoria
}

CreaArc($ArcoLarghezza,$ArcoAltezza,$GradiInizio,$GradiFine,$Costante);
?>
<!doctype html><html><head><meta charset="utf-8"></head><body>
<img src="es_28_imagefilledarc.png">
</body></html>
```

Esempio di risultati:

imagepolygon(), disegnare poligoni

Un poligono è una forma geometrica chiusa con tre o più vertici.
Per usare imagepoligon() è necessario passare una matrice di punti x,y che ne definiscono i vertici.
Oltre a questo è necessario passare un numero corrispondente alla quantità delle coppie x,y che definiscono i vertici citati in precedenza, infine passare il colore che si desidera utilizzare.

imagepolygon (resource $image , array $points , int $num_points , int $color)

Parametri

- $image: una risorsa immagine, restituita da una delle funzioni di creazione immagine.
- $points: un array che contiene i vertici del poligono.
  punti [0]= X0, punti [1]= Y0,punti [2]= X1,punti [3]= Y1
- $num_points: numero totale dei punti (vertici del poligono)
  - Se il valore di $num_points è inferiore alle coppie x,y passate a $points, saranno considerate solo la quantità di coppie di $num_points,
    Se il valore di $num_points è superiore alle coppie x,y passate a $points ci sarà errore.
- $color: Un identificatore di colore creata con imagecolorallocate ()

es_29_imagepolygon

```php
<?php
$immagine = imagecreatetruecolor(310, 230);// Crea l'immagine
$Viola = imagecolorallocate($immagine, 173, 0, 173); // alloca colore viola
imagefill($immagine, 0, 0, $Viola); // sfondo immagine in viola
$Verde = imagecolorallocate($immagine, 0, 255, 0); // alloca colore verde

imagepolygon($immagine, array(// disegna un poligono con 4 vertici
            10, 13,
            100, 200,
            150, 220,
            300, 200), // x,y dei vertici
            4, // quantità di coppie
            $Verde // colore del poligono
            );

header('Content-type: image/png');
imagepng($immagine);// al browser predifinito
imagepng($immagine, "es_29_imagepolygon.png" ); // salva
imagedestroy($immagine);// libera memoria
?> Risultato:
```

imagefilledpolygon(),disegna poligoni opachi del colore dei lati

Praticamente identica a imagepolygon() il colore per i margini è usato anche per il riempimento.

es_30_imagefilledpolygon

L'unica variazione con l'esempio precedente è la linea:
imagepolygon($immagine, array(// disegna un poligono con 4 vertici
che diventa
imagefilledpolygon($immagine, array(// disegna un poligono con 4 vertici

Risultato:

Nel capitolo "Circonferenze, Poligoni e Stelle", i poligoni sono usati per disegnare figure 3d con metodi semplici e rusultati ottimali.

imagesetthickness(), imposta lo spessore linea per il disegno

Numero intero espresso in pixel, va impostata prima di disegnare linee, rettangoli, poligoni, ellissi ecc ecc.

imagesetthickness (resource $image , int $thickness)

Parametri

- $image: Una risorsa immagine restituito da una funzione di creazione immagine.
- $thickness: Spessore della linea espresso in pixel.

es_32_imagesetthickness

```php
<?php
$Immagine = imagecreatetruecolor(380,600); // crea immagine
$Rosso = imagecolorallocate($Immagine, 255, 0, 0);// alloca colore rosso
imagestring($Immagine, 5, 20, 20, "dimensioni tratto con imagesetthickness" , $Rosso);// titolo
$R = 1; // spessore linea
for($x=50; $x<560;$x+=50){
imagesetthickness($Immagine, $R);// definisce la larghezza della linea
imageline($Immagine, 25,$x, 360,$x, $Rosso); // disegna la linea
imagestring($Immagine, 5, 2, $x, $R , $Rosso); // scrive la dimensione della linea
$R +=3; // incrementa spessore della linea
}

header('Content-Type: image/png');
imagepng($Immagine); // per il browser
imagepng($Immagine, "es_32_imagesetthickness.png"); // salva immagine
imagedestroy($Immagine); // libera memoria
```

?>Risultato:

imagefill(), colora forme chiuse

Esegue il riempimento di una figura chiusa delimitata da linee e/o curve anche di colore diverso.

imagefill (resource $image , int $x , int $y , int $color)

Parametri

- $image: Una risorsa immagine restituito da una funzione di creazione immagine.
- $x: Coordinata x all'interno della figura da colorare.
- $y: Coordinata y all'interno della figura da colorare.
- $color: colore di riempimento. Un identificatore di colore creato con imagecolorallocate().

es_33_imagefill

```php
<?php
$immagine = imagecreatetruecolor(320, 240);// crea immagine

$verde = imagecolorallocate($immagine, 0, 255, 0); // alloca i colori
$Rosso = imagecolorallocate($immagine, 255, 0, 0);
$blu = imagecolorallocate($immagine,0,0,255);
$celeste = imagecolorallocate($immagine,12,232, 232);
$giallo = imagecolorallocate($immagine,244,244,0);
$viola = imagecolorallocate($immagine,244,0,255);

imagefill($immagine, 0, 0, $verde); // sfondo immagine in verde
imageellipse($immagine, 160, 120, 200, 150, $Rosso);// ellisse in rosso
imagerectangle($immagine, 10,10,150,110, $blu); // rettangolo in blu

imagefill($immagine, 20, 20, $celeste); // colora di celeste parte del rettangolo
imagefill($immagine, 149, 109, $giallo); // colora di giallo parte del rettangolo
imagefill($immagine, 162, 122, $viola); // colora di viola parte dell'ellisse

header('Content-type: image/png');
imagepng($immagine, "es_33_imagefill.png");// salva immagine
imagepng($immagine); // al browser
imagedestroy($immagine);// libera memoria
```

?>Risultato:

imagefilltoborder(),colora forme chiuse da lati dello stesso colore

Riempie un'area delimitata da un bordo di un colore specifico con un altro colore specificato. Diversamente da imagefill() un'area delimitata da bordi di colore diverso non può essere riempita.

imagefilltoborder (resource $image , int $x , int $y , int $border , int $color)

Parametri

- $image: Una risorsa immagine restituita da una delle funzioni di creazione immagine
- $x: Coordinata x all'interno della figura da colorare.
- $y: Coordinata y all'interno della figura da colorare.
- $border: Colore del bordo che racchiude la figura (deve essere dello stesso colore)
- $color: Colore di riempimento. Un identificatore di colore creato con imagecolorallocate().

es_34_imagefilltoborder

```php
<?php
$Immagine = imagecreate(320, 240);

// alloca i colori
$Giallo = imagecolorallocate($Immagine, 255, 255, 0);// sfondo immagine
$Rosso = imagecolorallocate($Immagine, 255, 0, 0);
$Verde = imagecolorallocate($Immagine, 0, 255, 0);
$Blu = imagecolorallocate($Immagine, 0, 0, 255);

// disegna rettangoli 2 rossi ed 1 verde
imagerectangle($Immagine, 20, 20, 240, 180, $Rosso);
imagerectangle($Immagine, 100, 120, 300, 220, $Rosso);
imagerectangle($Immagine, 120, 10, 220, 110, $Verde);

// riempie di blu la superfice di sovrapposizione fra i rettangoli rossi
// se i rettangoli non fossero stato entrambi dello stesso colore
// in questo caso rosso, la funzione non avrebbe avuto effetto
imagefilltoborder($Immagine, 120, 160, $Rosso, $Blu);

header("Content-type: image/png");
imagepng($Immagine); // al browser
imagepng($Immagine, "es_34_imagefilltoborder.png"); // salva
imagedestroy($Immagine); // libera memoria
?>Risultato:
```

imagecolorset(), sostituisce un colore con un altro.

Utile per la sostituzione di un blocco di colore di un'immagine senza dover fare alcuna operazione come ad es. ridisegnare forme complesse.

resource $image , int $index , int $red , int $green , int $blue [, int $alpha = 0])

Parametri

- $image: Una risorsa immagine restituita da una funzione di creazione immagine
- $index: Un indice nella tavolozza.
- $red: Valore della componente rossa (0-255).
- $green: Valore della componente verde (0-255).
- $blue: Valore della componente blu (0-255).
- $alpha: Valore della componente alfa.

es_35_imagecolorset

```php
<?php
$Immagine = imagecreate(300, 200); // crea immagine
// alloca i colori
$Rosso = imagecolorallocate($Immagine, 255, 0, 0);
$Azzurro = imagecolorallocate($Immagine, 0, 190, 255);//blu come tonalità di azzurro

imagefill($Immagine, 0, 0, $Rosso);// colora sfondo dell'immagine

// disegna due figure in azzurro
imagefilledrectangle($Immagine, 10, 10, 40, 40, $Azzurro);
imagefilledpolygon($Immagine, array(80,13,85,100,150, 190,300, 180),4,$Azzurro);
imagepng($Immagine,"es_35_prima_di_imagecolorset_1.png");// salva l'immagine figure azzurre
```

```php
// Trova nell'immagine il colore più vicino al blu.
$BluAffine = imagecolorclosest($Immagine, 0, 0, 255);

imagecolorset($Immagine, $BluAffine, 0, 255, 0); // cambia il colore affine al blu in verde

header("Content-type: image/png");
imagepng($Immagine); // al browser
imagepng($Immagine,"es_35_dopo_di_imagecolorset_2.png"); // salva
imagedestroy($Immagine), // libera memoria
?>Risultato:
```

imagesetstyle(),impostare stili per disegnare

Per impostare uno stile per il disegno occorre usare una delle costanti predefinite (conosciute anche come "costanti per colore speciale"), ad esempio MG_COLOR_STYLED.

Questa opzione di "colore speciale" può essere utilizzata impiegando in modo avanzato colori o immagini che solitamente sono allocati con le funzioni imagecolorallocate () o imagecolorallocatealpha()

L'idea di base è quella di impostare un modello per lo stile delle figure che verranno disegnate.
Possono essere disegnate tutte le figure ammesse, linee, archi rettangoli ecc.
Nel caso venga disegnato con imagesetpixel(), cioè un singolo pixel, non ci saranno errori, ma sarà disegnato 1 solo pixel corrispondente al primo colore dell'array che definisce la figura.

Nel caso di figure chiuse, lo stile riempie queste figure.
In questa circostanza rivestono molta importanza le dimensioni dell'array dei colori e quello delle figure riempite perché il disegno del riempimento risultante varia a seconda della quantità degli indici dell'array in rapporto alle dimensioni dell'immagine. (vedi esempi style2, style3, style4 e style6, style7)

Questi sono i passi da compiere per settare all'uso la costante IMG_COLOR_STYLED:

- Allocare i colori che si desidera, ad es.
  $Rosso = imagecolorallocate($Immagine, 255, 0, 0); // alloca il colore rosso
  $Blu = imagecolorallocate($Immagine, 0, 0, 255); // alloca il colore blu
- Assegnare i colori come array alla variabile $stile (ma può avere qualsiasi altro nome consentito)
  $style = array($Rosso, $Rosso , $Rosso , $Blu, $Blu, $Blu);
- L'array $style va poi assegnato all'immagine con:
  imagesetstyle($Immagine, $style);
  In questo modo viene impostato un pennello (in questo esempio di 6 pixel, 3 rossi e 3 blu).
  In altre parole, ogni nome/colore è 1 pixel che verrà disegnato con quel colore.

La costante MG_COLOR_TRANSPARENT può essere usata per definire un pixel/colore trasparente.

Ad es. $style = array($Rosso, MG_COLOR_TRANSPARENT , $Blu, MG_COLOR_TRANSPARENT);
creando un pennello dove pixel trasparenti sono fra i rossi e i blu.
Questo è importante perché quel punto non verrà disegnato e quindi risulterà trasparente indipendentemente dal colore o immagine sottostante.

La funzione imagesetthickness() che determina la larghezza del tratto può essere utilizzata.

imagesetstyle (resource $image , array $style)

Parametri

- $image: Una risorsa immagine restituita da una delle funzioni di creazione immagine.
- $style: Una gamma di colori per i pixel da colorare.

È possibile utilizzare la costante IMG_COLOR_TRANSPARENT per aggiungere pixel trasparenti.

es_36_imagesetstyle_IMG_COLOR_STYLED

```php
<?php
$Immagine = imagecreatetruecolor(800,330); // crea l'immagine

$Bianco = imagecolorallocate($Immagine, 255,255,255); //alloca i colori
$Verde = imagecolorallocate($Immagine, 0,255,0);
$Rosso = imagecolorallocate($Immagine, 255, 0, 0);
$Blu = imagecolorallocate($Immagine, 0, 0, 255);
$Nero = imagecolorallocate($Immagine, 0, 0, 0);

imagefill($Immagine,0,0, $Bianco); // sfondo bianco

// style 1
//Questo esempio disegna 1 linea orizzontale verde e rossa. Ogni segmento di colore alternato è di 5 pixel.
```

$style1 = array($Verde, $Verde, $Verde,$Verde, $Verde, $Rosso, $Rosso, $Rosso, $Rosso, $Rosso);
imagesetstyle($Immagine, $style1);
imagesetthickness($Immagine, 3); // spessore linea
imageline($Immagine, 10, 10, 200, 10, IMG_COLOR_STYLED);// disegna linea

// style 2

//Questo esempio disegna 1 linea orizzontale rossa e trasparente. Ogni segmento di colore alternato è di 5 pixel.

$style2 = array(
        $Rosso, $Rosso, $Rosso, $Rosso, $Rosso,

IMG_COLOR_TRANSPARENT,IMG_COLOR_TRANSPARENT,IMG_COLOR_TRANSPARENT,IMG_COLOR_TRANSPARENT,IMG_COLOR_TRANSPARENT
);
imagesetstyle($Immagine, $style2);
imageline($Immagine, 10, 20, 200, 20, IMG_COLOR_STYLED);// disegna segmento

// disegna rettangolo con interno non colorato style2
imagerectangle($Immagine, 10, 30, 200, 200, IMG_COLOR_STYLED);// disegna rettangolo

// disegna rettangolo con interno usando style2
imagefilledrectangle($Immagine, 210, 30, 400, 200, IMG_COLOR_STYLED);// disegna rettangolo

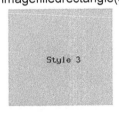

// style 3
$style3 = array($Rosso,IMG_COLOR_TRANSPARENT);
imagesetstyle($Immagine, $style3);
imagefilledrectangle($Immagine, 410, 30, 600, 200, IMG_COLOR_STYLED);// disegna rettangolo

// style 4
$style4 = array(
$Rosso, $Rosso, $Rosso, $Rosso, $Rosso,
IMG_COLOR_TRANSPARENT, IMG_COLOR_TRANSPARENT, IMG_COLOR_TRANSPARENT,
IMG_COLOR_TRANSPARENT, IMG_COLOR_TRANSPARENT);

imagesetstyle($Immagine, $style4);
imagefilledrectangle($Immagine, 610, 30, 800, 200, IMG_COLOR_STYLED);

// style 5
$style5 = array(
$Rosso, $Rosso, $Rosso, $Rosso, $Rosso,

$Blu, $Blu, $Blu, $Blu, $Blu);

imagesetstyle($Immagine, $style5);
for($x=0;$x<9;$x++)// 9 ellissi vuote spessore linea 1*9
{imageellipse($Immagine, 100, 270, 190+$x, 90+$x, IMG_COLOR_STYLED);}
imagefill($Immagine, 100, 270, $Verde);

for($x=0;$x<9;$x++)// 9 ellissi vuote spessore linea 1*9
{imageellipse($Immagine, 300, 270, 190+$x, 90+$x, IMG_COLOR_STYLED);}
imagefill($Immagine, 300, 270, IMG_COLOR_STYLED);
imagesetthickness($Immagine, 11);// definisce 5 pixel la larghezza della line

// style 6 - Linea tratteggiata
$style6 = array(
$Rosso, $Rosso, $Rosso, $Rosso, $Rosso,
IMG_COLOR_TRANSPARENT, IMG_COLOR_TRANSPARENT, IMG_COLOR_TRANSPARENT,
IMG_COLOR_TRANSPARENT, IMG_COLOR_TRANSPARENT);

imagesetstyle($Immagine, $style6);// Imposta stile del tratteggio
imagerectangle($Immagine, 470,230,550,300, IMG_COLOR_STYLED);

// style 6 - Linea tratteggiata (variante)
$style7 = array(
$Rosso, $Rosso,
IMG_COLOR_TRANSPARENT, IMG_COLOR_TRANSPARENT);

imagesetstyle($Immagine, $style7);// Imposta stile del tratteggio
imagerectangle($Immagine, 650,230,730,300, IMG_COLOR_STYLED);

header('Content-type: image/png');
imagepng($Immagine); // al prowser
imagedestroy($Immagine);
?>Risultato panoramica completa:

Di seguito alcuni esempi di disegni usando due pennelli caricati come file png e le costanti:

- IMG_COLOR_TRANSPARENT
- IMG_COLOR_BRUSHED
- IMG_COLOR_TILED
- IMG_COLOR_STYLEDBRUSHED

Variando i pennelli ed i parametri ad essi associati sono possibili innumerevoli varianti.

es_37_imagesetstyle_COSTANTI

```php
<?php
$Immagine = imagecreate(800,500);
$Bianco = imagecolorallocate($Immagine, 255,255,255);
$Rosso = imagecolorallocate($Immagine, 255,0,0);
$Giallo = imagecolorallocate($Immagine, 255,255,0);

// imposta trasparenza del fondo dell'immagine
imagealphablending($Immagine, false);// Spenge alpha blending
imagesavealpha($Immagine, true); // imposta il flag per salvare informazioni con canale Alpha
$CanaleAlpha = imagecolorallocatealpha($Immagine, 0, 0, 0, 127);
imagefill($Immagine, 0, 0, $CanaleAlpha); // rende l'immagine completamente trasparente

// crea il pennello1 un'inmmagine SferaRossa.png
$Pennello1 = imagecreatefrompng('SferaRossa.png');
imagesetbrush($Immagine, $Pennello1); // asssegna Pennello1 all'immagine

$style=array($Rosso,
IMG_COLOR_TRANSPARENT,IMG_COLOR_TRANSPARENT,IMG_COLOR_TRANSPARENT,
IMG_COLOR_TRANSPARENT,IMG_COLOR_TRANSPARENT,IMG_COLOR_TRANSPARENT,
IMG_COLOR_TRANSPARENT,IMG_COLOR_TRANSPARENT,IMG_COLOR_TRANSPARENT,
IMG_COLOR_TRANSPARENT,IMG_COLOR_TRANSPARENT,IMG_COLOR_TRANSPARENT,
IMG_COLOR_TRANSPARENT,IMG_COLOR_TRANSPARENT,IMG_COLOR_TRANSPARENT,
IMG_COLOR_TRANSPARENT,IMG_COLOR_TRANSPARENT,IMG_COLOR_TRANSPARENT,
IMG_COLOR_TRANSPARENT,IMG_COLOR_TRANSPARENT,IMG_COLOR_TRANSPARENT,
IMG_COLOR_TRANSPARENT,IMG_COLOR_TRANSPARENT,IMG_COLOR_TRANSPARENT,
IMG_COLOR_TRANSPARENT,IMG_COLOR_TRANSPARENT,IMG_COLOR_TRANSPARENT,
IMG_COLOR_TRANSPARENT,IMG_COLOR_TRANSPARENT,IMG_COLOR_TRANSPARENT,
IMG_COLOR_TRANSPARENT,IMG_COLOR_TRANSPARENT,IMG_COLOR_TRANSPARENT
);
imagesetstyle($Immagine,$style); // assegna lo stile all'immagine
imageline($Immagine, 16, 30, 490, 30, IMG_COLOR_STYLEDBRUSHED);
imageellipse($Immagine, 200, 150, 300, 150, IMG_COLOR_STYLEDBRUSHED);
imagefilledellipse($Immagine, 600, 150, 300, 150, IMG_COLOR_STYLEDBRUSHED);
```

```php
// crea pennello2 da inmmagine SferaVerde.png
$Pennello2 = imagecreatefrompng('SferaVerde.png');
imagesetbrush($Immagine, $Pennello2); // asssegna Pennello1 all'immagine
imagesettile($Immagine, $Pennello2);

imagefilledrectangle($Immagine,50,350,150,450,IMG_COLOR_TILED);
imagefilledellipse($Immagine, 300, 400, 150, 100, IMG_COLOR_BRUSHED);
imagefilledellipse($Immagine, 500, 400, 150, 100, IMG_COLOR_TILED);
imagefilledellipse($Immagine, 700, 400, 150, 100, IMG_COLOR_STYLEDBRUSHED);
```

```php
header("Content-type: image/png");
imagepng($Immagine); // al browser
imagedestroy($Pennello1);imagedestroy($Pennello2);imagedestroy($Immagine);
?>
```

imagesetbrush(),imposta immagini come pennelli

Una volta impostato il pennello per il disegno potrà essere utilizzato con funzioni come imagesetpixel(), imageline() ecc. e con colori speciali IMG_COLOR_BRUSHED o IMG_COLOR_STYLEDBRUSHED.

imagesetbrush (resource $image , resource $brush)

Parametri

- $image: Una risorsa immagine restituita da una funzione di creazione immagine.
- $brush: Una risorsa immagine da usare come pennello.

es_38_imagesetbrush_A

```php
<?php
$Immagine = imagecreatefrompng('zebra.png'); // Carica l'immagine zebra per lo sfondo
$ImmaginemaPennello = imagecreatefrompng('giglio.png'); // carica immagine giglio per il pennello
imagesetbrush($Immagine, $ImmaginemaPennello); // Imposta giglio.png come pennello
imagesetpixel($Immagine, 135,125, IMG_COLOR_BRUSHED); // disegna il giglio sugli occhi della zebra
imagesetpixel($Immagine, 200,130, IMG_COLOR_BRUSHED);

header('Content-type: image/jpeg');
imagejpeg($Immagine); // al browser
imagejpeg($Immagine,"es_38_imagesetbrush.jpeg"); // salva immagine
imagedestroy($Immagine); imagedestroy($ImmaginemaPennello); //libera memoria
?>Risultato:
```

Immagine per pennello Immagine per lo sfondo   Risultato

Con minime modifiche all'esempio precedente è possibile disegnare in diagonale ecc.

es_39_imagesetbrush_B

```php
<?php // es_39_imagesetbrush_B
$Immagine = imagecreatefrompng('zebra.png');// Carica l'immagine zebra per lo sfondo
$ImmaginemaPennello = imagecreatefrompng('giglio.png'); // carica immagine giglio per il pennello
imagesetbrush($Immagine, $ImmaginemaPennello); // Imposta giglio.png come pennello

// disegna il giglio in diagonale
$incremento = 40;
for($z=30; $z<300; $z+=$incremento)
{imagesetpixel($Immagine, $z,$z, IMG_COLOR_BRUSHED); }

header('Content-type: image/jpeg');
imagejpeg($Immagine); // al browser
imagejpeg($Immagine,"es_39_imagesetbrush_B.jpg"); // salva immaigne
imagedestroy($Immagine);imagedestroy($ImmaginemaPennello); //libera memoria
```

?>Risultato:

imagecolorat(), ottiene il colore del punto x,y in un'immagine

Con il valore recuperato alle coordinate x,y specificate è possibile allocare di nuovo un colore, semmai con le variazioni ritenute necessarie alle modifiche da apportare all'immagine.
Si tratta di un buon modo di gestire i colori, specie se si lavora con imagecreatefromgif ().
Se la libreria è GD 2.0 o superiore, con le immagini truecolor, imagecolorat()restituisce il valore RGB di quel pixel come intero.
Normalmente questa funzione viene usata con imagecolorsforindex() per gestire i dati recuperati.

imagecolorat (resource $image , int $x , int $y)

Parametri

- $image: una risorsa immagine restituita da una delle funzioni di creazione immagine
- $x: coordinata del punto x
- $y: coordinata del punto y

es_40_imagecolorat

```php
<?php
$Immagine = imagecreatefrompng("colori.png");// carica l'immagine
$X= 75; $Y=60; // punto di lettura
$rgb = imagecolorat($Immagine, $X, $Y); // legge il punto X,Y

$ComponenteColore = imagecolorsforindex($Immagine, $rgb); // array dei componenti del colore
echo"<br>Posizione lettura pixel x=$X y=$Y";
echo"<br><br>Colore RGB rilevato:";
echo"<br><br>Rosso = ".$ComponenteColore["red"];
echo"<br>Verde = ".$ComponenteColore["green"];
echo"<br>Blu = ".$ComponenteColore["blue"];
echo"<br>Componente alpha = ".$ComponenteColore["alpha"];
?> Immagine usata per il test:
```

Il risultato sarà simile a questo:
Posizione lettura pixel x=75 y=60
Colore RGB rilevato:
Rosso = 255
Verde = 0
Blu = 255
Componente alpha = 0

imagecolorsforindex(),determina componenti RGB del punto s,y

Permette di ottenere i componenti RGB del colore per un pixel alle coordinate X,Y, di solito prelevati con la funzione imagecolorat().
Le informazioni sul colore sono memorizzate in un array di quattro elementi.
Ciascuno dei primi tre elementi contiene le quantità di rosso, verde e blu ed il quarto quello della componente alpha.
Questa informazione può essere usata per altre elaborazioni, ad es. per il colore del carattere HTML o CSS oppure per disegnare sull'immagine stessa come nell'esempio seguente.

imagecolorsforindex (resource $image , int $index)

Parametri

- $image: Una risorsa immagine restituita da una funzione di creazione immagine.
- $index: Coordinate del punto immagine di lettura del colore del pixel.

Valori restituiti:

Restituisce un array delle chiavi rosso, verde, blu e alfa per l'indice colore specificato.

es_40a_imagecolorsforindex

```php
<?php
$Immagine = imagecreatefrompng('colori.png'); // carica immagine multicolore
// Ottenere l'indice del colore di un pixel alle coordinate X,Y
$X = 75; $Y = 60; // coordinate di lettura

// legge i componenti del colore nel punto x,y
$ColoreRGB_XY = imagecolorat($Immagine, $X, $Y);

// lo rende leggibile nei suoi componenti
$ComponenteColore = imagecolorsforindex($Immagine, $ColoreRGB_XY);
/*
echo"<br>Posizione lettura pixel x=$X y=$Y";     echo"<br><br>Colore RGB rilevato:";
echo"<br><br>Rosso = ".$ComponenteColore["red"];
echo"<br>Verde = ".$ComponenteColore["green"];
echo"<br>Blu = ".$ComponenteColore["blue"];
echo"<br>Componente alpha = ".$ComponenteColore["alpha"];
*/
$ColoreRilevato = imagecolorallocate($Immagine,
$ComponenteColore["red"],$ComponenteColore["green"],$ComponenteColore["blue"]);

// disegna circonferenze del colore rilevato
for($x=0;$x<50;$x+=3)
{imageellipse($Immagine,98,70, 70+$x,70+$x,$ColoreRilevato);}

imagepng($Immagine); // al browser
imagepng($Immagine," es_40a_imagecolorsforindex.png"); // salva immagine
imagedestroy($Immagine);//libera memoria
?>Inserendo coordinate diverse, ovviamente su altro punto colore, cambierà il risultato.
```

Immagine per il test

Risultato

imagecolorexact(), determina se l'immagine contiene un colore

Cerca e restituisce il valore più simile si possa trovare nella tavolozza dei colori.
Utile per la manipolazione del colore all'interno di un'immagine dinamica.
Non è utile in una funzione come imagecolortransparent (), ma per altri scopi, come determinare se l'immagine di base contiene una serie di colori desiderati.

imagecolorexact (resource $image , int $red , int $green , int $blue)

Parametri

- $image: Una risorsa immagine restituita da una funzione di creazione immagine
- $red: Valore della componente rossa (fra 0 e 255)
- $green: Valore della componente verde (fra 0 e 255)
- $blue: Valore della componente blu (fra 0 e 255)

Valori restituiti:
Restituisce il colore esatto nell'immagine specificato dai componenti rosso, verde e blu.
Se il colore non viene trovato, restituisce -1.

Immagine caricata per il test:

es_40b_imagecolorexact

```php
<?php
$immagine = imagecreatefrompng("colori.png");// carico l'immagine

//cerco il colore rosso
if (imagecolorexact($immagine, 255, 0, 0) == -1) {
echo "Questa immagine NON contine il colore ROSSO.\n";
} else {
echo "Questa immagine contine il colore ROSSO.\n";
}
imagedestroy($immagine);
?>
```

imagesettile(), imposta immagine come riempimento di un'area

Ogni immagine riconosciuta da GD può essere utilizzata come riempimento di un'area chiusa.
Per l'utilizzo è necessario il colore speciale IMG_COLOR_TILED che fa riferimento all'immagine impostata per il riempimento.
La sintassi è somigliante a quelle di fill(), imagefill(), imagefilledpolygon() ecc.
Impostando l'indice di colore trasparente con imagecolortransparent(), parti della zona sottostante possono trasparire. (vedere paragrafo relativo alle immagini trasparenti)

imagesettile (resource $image , resource $tile)

Parametri

- $image; Una risorsa immagine restituita una funzione di creazione immagine.

- $tile: Risorsa immagine da utilizzare come riempimento.

es_41_ imagesettile

```php
<?php
$ImmagineRiempimentoGiglio = imagecreatefrompng('giglio.png');//Carica immagini per il riempimento
$Immagine = imagecreatetruecolor(350, 280); // Crea immagine truecolor di 350x280 pixel
imagesettile($Immagine, $ImmagineRiempimentoGiglio); //Immagine giglio per il riempimento
imagefilledrectangle($Immagine, 50, 70, 300, 200, IMG_COLOR_TILED);//disegna rettangolo con gigli

header('Content-Type: image/png');
imagepng($Immagine); // al browser
imagepng($Immagine, "es_41_imagefill.png"); // salva immagine
imagedestroy($Immagine);imagedestroy($ImmagineRiempimentoGiglio); // libera memoria
?>Risultato:
```

es_42_ imagesettile_doppio_riempimento

```php
<?php
// Carica le immagini per il riempimento
$ImmagineRiempimentoGiglio = imagecreatefrompng('giglio.png');
$ImmagineRiempimentoSfera = imagecreatefrompng('Sfera.png');

$Immagine = imagecreatetruecolor(350, 280); // Crea immagine truecolor di 350x280 pixel
$rosso = imagecolorallocate($Immagine,255,0,0); // setta il colore rosso

imagerectangle($Immagine, 50,70,300,210, $rosso); // disegna un rettangolo rosso

// Setta l'immagine giglio per il riempimento della cornice
imagesettile($Immagine, $ImmagineRiempimentoGiglio);
imagefill($Immagine, 1, 1, IMG_COLOR_TILED); // riempie la cornice con il giglio

// Setta l'immagine sfera per il riempimento della parte centrale
imagesettile($Immagine, $ImmagineRiempimentoSfera);

imagefill($Immagine, 51, 71, IMG_COLOR_TILED); // riempie la cornice con la sfera

header('Content-Type: image/png');
imagepng($Immagine); // al browser
imagepng($Immagine,"es_42_imagefill.png"); // salva immagine

// libera memoria
imagedestroy($Immagine);imagedestroy($ImmagineRiempimentoGiglio);imagedestroy($ImmagineRiempimentoSfera);
```

?>Risultato:

---

imagecolortransparent(), imposta un colore come trasparente

Può essere reso trasparente un colore a scelta, di solito la porzione di un'immagine.
Questa funzione agisce sull'intera figura, quindi se un determinato colore si trova in più punti, tutti questi punti verranno resi trasparenti.
Il colore trasparente è una proprietà dell'immagine, la trasparenza non è una proprietà del colore.
Usando una combinazione di imagecolorexact (), imagecolorclosest (), e/o imagecolorat (), immagini trasparenti possono essere costruite runtime senza conoscere l'esatto colore di sfondo.
Naturalmente, questo dipende dal layout dell'immagine originale.

imagecolortransparent (resource $image [, int $color])

Parametri

- $image: Una risorsa immagine restituita da una funzione di creazione immagine
- $color: Un identificatore di colore creato con imagecolorallocate ()

es_47_imagecolortransparent

```php
<?php
$Immagine = imagecreatefrompng("colori.png");// legge immagine con vari colori

$x = 10; $y = 10; // punto di lettura sull'immagine
$ColoreTrasparenza = imagecolorat($Immagine, $x, $y); // legge punto x,y dell'immagine
imagecolortransparent($Immagine, $ColoreTrasparenza); // rende trasparente il colore letto nel punto x,y

header("Content-type: image/png");
imagepng($Immagine);// immagine nel browser predefinito
imagepng($Immagine, "es_47_imagecolortransparent.png");// salva immagine
imagedestroy($Immagine); // libera memoria
?>
```
Risultato prima e dopo l'esecuzione dell'esempio:

Origine   Risultato

Cambiando i valori x,y dell'esempio, verranno resi trasparenti colori diversi.

---

imagecolorresolve(), ottiene indice colore specificato,o più vicino

imagecolorresolve (resource $image , int $red , int $green , int $blue)

Parametri

- $image: Una risorsa immagine restituita da una funzione di creazione immagine.
- $red: Valore della componente rossa (fra 0 e 255 compresi).
- $green: Valore della componente verde (fra 0 e 255 compresi.
- $blue: Valore della componente blu (fra 0 e 255 compresi.

Immagine caricata per il test:

es_48_imagecolorresolve

```php
<?php
$Immagine = imagecreatefrompng('trasparenzaALPHA.png'); // carica l'immagine

// Recupera i colori più vicini nell'immagine
$colors = array();
$colors[] = imagecolorresolve($Immagine, 255, 255, 255);
$colors[] = imagecolorresolve($Immagine, 0, 0, 200);

// al browser
print_r($colors);
imagedestroy($Immagine); // libera memoria
?>
```
Risultato:
Array ([0] => 16777215 [1] => 200)

imagecolorclosest(), ottiene indice colore più vicino al richiesto

La funzione consente di specificare un colore personalizzato, cerca e restituisce la corrispondenza più vicina che si trova nella tavolozza dei colori.
Utile per la manipolazione del colore all'interno di un'immagine dinamica.
Non adatta ad essere usata con la funzione imagecolortransparent ().

imagecolorclosest (resource $image , int $red , int $green , int $blue)

Parametri

- $image: una risorsa immagine restituita da una funzione di creazione immagine
- $red: Valore della componente rossa (fra 0 e 255)
- $green: Valore della componente verde (fra 0 e 255)
- $blue: Valore della componente blu (fra 0 e 255)

I parametri colori sono interi compresi tra 0 e 255 e restituisce l'indice del colore più vicino a quella specificato nella richiesta.

es_50_imagecolorclosest

```php
<?php
header("Content-type: image/png");
$immagine = imagecreate(200, 200); // crea immagine
$rosso = imagecolorallocate($immagine, 255, 0, 0); // alloca il colore rosso
$VerdeBrillante = imagecolorallocate($immagine,150 , 255, 150); // crea tonalità di verde

imagefill($immagine, 0, 0, $rosso); // colora l'immagine di rosso

// crea un cerchio colorato $VerdeBrillante
imagefilledellipse($immagine, 50, 50, 40, 40, $VerdeBrillante);

imagepng($immagine,"es_50_imagecolorclosest_A.png");// salva l'immagine
```

```php
// ottiene il colore più vicino al verde reale sull'immagine
$newVerde = imagecolorclosest($immagine, 0, 255, 0);

// crea una ellisse colorata secondo i valori restituiti
imagefilledellipse($immagine, 110, 110, 80, 140, $newVerde);

imagepng($immagine); // al browser
imagepng($immagine,"es_50_imagecolorclosest_B.png"); // salva
```

```php
imagedestroy($immagine); // libera memoria
?>
```

Copy, copiare immagini elaborandole

Con GD libray, copy con le sue varianti va oltre il mero spostamento di un file da una ubicazione ad un'altra. Mette invece a disposizione una serie di funzioni che incidono sull'elaborazione immagini nel loro complesso.

Queste sono:

- imagecopy(), permette di copiare parte dell'immagine
- imagecopyresized(), copia e ridimensiona una parte dell'immagine
- imagecopymerge(), copia e unisce parti d'immagini
- imagecopyresampled(), copia ridimensiona immagini con ricampionamento

imagecopy(), copiare parte dell'immagine

Nell'esempio sono caricate 2 immagini da disco e con imagecopy() applicata una scritta di copyright.
Queste sono "cane.jpg" l'immagine di un cane, che farà da sfondo e l'immagine "copyright.png" che contiene la parola copyright su fondo trasparente ma incorniciato per evidenziare meglio l'esempio.

```
imagecopy (resource $immagineA, resource $immagineB,
                    int $destinazioneX , int $destinazioneY,
                    int $letturaX, int $letturaY,
                    int $larghezza, int $altezza
                    );
```

Parametri

- $immagineA: Immagine di destinazione considerata nella sua interezza.
- $immagineB: Immagine della quale verrà prelevata una parte e sovrapposta all'immagineA
- $destinazioneX: Coordinata X del punto di destinazione sull' immagineA
- $destinazioneY: Coordinata Y del punto di destinazione sull' immagineA
- $letturaX: Coordinata X del punto di origine lettura dall'immagineB
- $letturaY: Coordinata Y del punto di origine lettura dall'immagineB
- $larghezza: Larghezza della porzione d'immagineB letta dal punto di origine (letturaX , letturaY)
- $altezza: Altezza porzione d'immagineB letta dal punto di origine (letturaX , letturaY)

L'esempio seguente copia un'immagine png su un'alta jpg.
L'immagine png contiene, su sfondo trasparente, la scritta copyright.
Facendo uso della funzione getimagesize(), vengono lette le dimensioni di entrambe le immagini.
La png con la scritta copyright viene copiata sull'immagine cane.jpg centrandola.
Con imagecopy() l'immagine da sovrapporre deve avere dimensione più contenute della sottostante altrimenti utilizzare imagecopyresized().

es_43_imagecopy_applicare_centrare_copyright

http://www.taccetti.net/web/phpgd2/index.php?id=26

```php
<?php
$immagineA = imagecreatefromjpeg('cane.jpg'); // carica l'immagine di fondo

$DimensioniImageA = getimagesize('cane.jpg');
//$DimensioniImageA[0]; $DimensioniImageA[1]; // larghezza e altezza

$immagineB = imagecreatefrompng( "copyright.png" ); // carica l'immagine da sovrapporre

$DimensioniImageB = getimagesize("copyright.png");
//$DimensioniImageB[0];$DimensioniImageB[1]; // larghezza e altezza

// calcola distanza dal margine sinistro - 14 dimensioni della cornice del copyright
$destinazione_x_su_immagine_fondo = (($DimensioniImageA[0] - ($DimensioniImageB[0]-14)))/2;

// calcola distanza dal margine superiore - 14 dimensioni della cornice del copyright
$destinazione_y_su_immagine_fondo = (($DimensioniImageA[1] - ($DimensioniImageB[1]-14)))/2 ;

// posizione x,y di partenza per il prelievo dell'immagine da sovrapporre
$punto_x_lettura_da_immagine_sovrapposta = 7;// esclude parte sinistra della cornice
$punto_y_lettura_da_immagine_sovrapposta = 7;// esclude parte superiore della cornice

// dimensione della parte dell'immagine da sovrapporre
$larghezza_prelevata_da_immagine_da_sovrapporre = $DimensioniImageB[0]-14; // esclude parte destra
$altezza_prelevata_da_immagine_da_sovrapporre = $DimensioniImageB[1]-14; // esclude parte inferiore

// esegue la funzione
imagecopy ($immagineA , $immagineB ,
                    $destinazione_x_su_immagine_fondo ,
                    $destinazione_y_su_immagine_fondo ,
                    $punto_x_lettura_da_immagine_sovrapposta ,
                    $punto_y_lettura_da_immagine_sovrapposta ,
                    $larghezza_prelevata_da_immagine_da_sovrapporre ,
```

```
                         $altezza_prelevata_da_immagine_da_sovrapporre
                         );

header('Content-Type: image/jpeg');
imagejpeg($immagineA); // al browser
imagejpeg($immagineA, "es_43_imagecopy_applicare_centrare_copyright.jpg" ); // salva
imagedestroy($immagineA); imagedestroy($immagineB); // libera memoria
?>
```
Risultato:

Immagini usate nell'esempio

Risultato

imagecopyresized(),copia e ridimensiona una parte dell'immagine

Copia tutta o parte di un'immagine su di un'altra cambiandole dimensioni.
Di solito è opportuno creare un'immagine nuova delle dimensioni necessarie per ricevere il risultato della copia sull'immagine sorgente.
Per es. se dall'immagine sorgente viene copiato un particolare da ingrandire o ridurre di 3 volte, su queste nuove dimensioni dovrà essere creata l'immagine, per poi copiarci il particolare.
L'algoritmo di questa funzione tende a produrre risultati imperfetti, la più recente funzione imagecopyresampled() esegue lo stesso compito producendo generalmente risultati migliori seppur con maggior lavoro della CPU.

```
imagecopyresized(resource $ImmaNEW, resource $ImmaSorgente,
                         int $x1, int $y1,
                         int $x2, int $y2,
                         int $LargNEW, int $AlteNEW,
                         int $Larg, int $Alte
                 );
```

Parametri

- $ImmaNEW: Immagine di destinazione.
- $ImmaSorgente: Immagine della quale verrà prelevata una parte.
- $x1, $y1: coordinata x,y su $ImmaNEW
- $x2, $y2: coordinata x,y del punto di origine lettura da $ImmaSorgente
- $LargNEW, $AlteNEW: Nuova Larghezza e altezza di porzione immagine letta da $ImmaSorgente
- $Alte, $Larg: Larghezza e Altezza di porzione immagine letta da $ImmaSorgente

Nell'esempio seguente viene copiata la testa della statua del David e incollata in una nuova immagine ingendendola di 3 volte.

es_44_imagecopyresized

```php
<?php
$ImamgineSorgente = imagecreatefromjpeg('David.jpg');
$DistanzaDaX = 120; $DistanzaDaY = 8; // distanza del volto dall'amgolo x=0-y=0
$LarghezzaViso = 68; $AltezzaViso = 70; // dimensioni del particolare da ingrandire
$PercentualeVariazione = 2.5; // percentuale di modifica del particolare dell'immagine

// calcola le nuove misure
$AltezzaNEW = $AltezzaViso * $PercentualeVariazione;
$LarghezzaNEW = $LarghezzaViso * $PercentualeVariazione;
```

```
// crea nuova immagine risultato della $PercentualeVariazione che per adesso è vuota
$ImmagineRisultato = imagecreatetruecolor($LarghezzaNEW, $AltezzaNEW);

// copia sulla nuova immagine, , il particolare ridimensionandolo
imagecopyresized($ImmagineRisultato, $ImamgineSorgente,
                        0, 0,
                        $DistanzaDaX, $DistanzaDaY,
                        $LarghezzaNEW, $AltezzaNEW,
                        $LarghezzaViso, $AltezzaViso
                        );

header('Content-Type: image/jpeg');
imagejpeg($ImmagineRisultato); // al browser
imagejpeg($ImmagineRisultato,"es_44_imagecopyresized.jpg"); // salva
imagedestroy($ImamgineSorgente); imagedestroy($ImmagineRisultato); // libera memoria
?>Risultato:
```

Immagine sorgente   Risultato

imagecopymerge(),copia e unisce parti d'immagini

Copia e unisce una parte dell'immagine con una percentuale di opacità stabilita dal programmatore.
Il parametro percentuale specifica la quantità di opacità dove 0=massima trasparenza e 100=massima opacità. Se il valore è 100% si comporta come la funzione imagecopy().

```
imagecopymerge( resource $immagineA, resource $immagineB,
                        int $destinazioneX, int $destinazioneY,
                        int $letturaX, int $letturaY,
                        int $larghezza, int $altezza,
                        int $percentuale
                )
```

Parametri

- $immagineA: Immagine di destinazione.
- $immagineB: Immagine della quale verrà prelevata una parte e sovrapposta $ImmagineA
- $destinazioneX: coordinata X del punto di destinazione su $ImmagineA
- $destinazioneY: coordinata Y del punto di destinazione su $ImmagineA
- $letturaX: coordinata X del punto di origine lettura dall'immagine da sovrapporre.
- $letturaY: coordinata Y del punto di origine lettura dall'immagine da sovrapporre.
- $larghezza: larghezza di porzione d'immagine da leggere dal punto di origine ($letturaX , $letturaY)
- $altezza: altezza di porzione d'immagine da leggere dal punto di origine ($letturaX , $letturaY)
- $percentuale: di opacità dell'immagine sovrapposta
  Il valore della percentuale può variare da 0 a 100, dove 0 è massima trasparenza, l'immagine è invisibile e 100 massima opacità.
  Valori fuori dal range 0-100 non determinano errore ma risultati imprevedibili.

Nell'esempio seguente, es_45_imagecopymerge, viene sovrapposta un'immagine ad un'altra diminuendo l'altezza di 36 pixel e dissolvendola del 30%,

es_45_imagecopymerge

http://www.taccetti.net/web/phpgd2/index.php?id=28

```php
<?php
$ImmagineA = imagecreatefromjpeg('cane.jpg'); // carica l'immagine di fondo
$DimensioniImageA = getimagesize('cane.jpg');
//$DimensioniImageA[0]; $DimensioniImageA[1]; // larghezza  e altezza

$percentuale = 30; // percentuale di opacità dell'immagne sovrapposta

$ImmagineB = imagecreatefrompng( "copyright.png" ); // carica l'immagine da sovrapporre
$DimensioniImageB = getimagesize("copyright.png");
//$DimensioniImageB[0]; $DimensioniImageB[1]; // larghezza  e altezza

// calcola distanza dal margine sinistro
$destinazione_x_su_immagine_fondo = ($DimensioniImageA[0] - $DimensioniImageB[0])/2;

// calcola distanza dal margine superiore -18 pixel che sono da non copiare
$destinazione_y_su_immagine_fondo = ($DimensioniImageA[1] - ($DimensioniImageB[1]-18))/2 ;

// posizione x,y di partenza per il prelievo dell'immagine da sovrapporre
$punto_x_lettura_da_immagine_sovrapposta = 0;

$punto_y_lettura_da_immagine_sovrapposta = 18; // -18 pixel che sono da non copiare
// dimensione della parte dell'immagine da sovrapporre

$larghezza_prelevata_da_immagine_da_sovrapporre = $DimensioniImageB[0];
$altezza_prelevata_da_immagine_da_sovrapporre = $DimensioniImageB[1] - 36; // -36, da NON copiare

// esegue la funzione

imagecopymerge ($ImmagineA , $ImmagineB ,
            $destinazione_x_su_immagine_fondo, $destinazione_y_su_immagine_fondo ,
            $punto_x_lettura_da_immagine_sovrapposta, $punto_y_lettura_da_immagine_sovrapposta,
            $larghezza_prelevata_da_immagine_da_sovrapporre,
$altezza_prelevata_da_immagine_da_sovrapporre,
            $percentuale
            );

header('Content-Type: image/jpeg');
imagejpeg($ImmagineA); // al browser
imagejpeg($ImmagineA,"es_45_imagecopymerge.jpg"); // salva
imagedestroy($ImmagineA); imagedestroy($ImmagineB); // libera memoria
?>Risultato:
```

Immagini d'origine   Risultato

imagecopyresampled(),copia ridimensiona con ricampionamento

Data un'immagine sorgente, ne copia una parte rettangolare ridimensionandola.
Questa copia viene poi riprodotta su di una nuova immagine o sulla stessa immagine sorgente in un punto x,y a scelta.
Le coordinate x,y sono, come al solito, quelle dall'angolo superiore sinistro.
Larghezza ed Altezza possono avere anche valori negativi, questo permette di ribaltare le immagini come è possibile fare con la funzioni imageflip() che però ha problemi quando l'immagine usa il canale Alpha.
Vedere il capitolo Ribaltare immagini con imagecopyresampled()

imagecopyresampled() esegue lo stesso compito di imagecopyresized() producendo generalmente risultati migliori seppur con maggior lavoro della CPU

imagecopyresampled (resource $Immagine_destinazione, resource $Immagine_Origine,
                    int $PuntoDestinazioneX, int $PuntoDestinazioneY,
                    int $PuntoCopiaX, int $PuntoCopiaY,
                    int $largezzaNEW , int $altezzaNEW,
                    int $LarghezzaCopia, int $AltezzaCopia
)

Parametri

- $Immagine_destinazione: Immagine destinazione.
- $Immagine_Origine: Immagine da copiare.
- $PuntoDestinazioneX: Coordinata X di destinazione.
- $PuntoDestinazioneY: Coordinata Y di destinazione.
- $PuntoCopiaX: Coordinata X d'origine.
- $PuntoCopiaY: Coordinata Y d'origine.
- $largezzaNEW: Larghezza in pixel della destinazione.
- $altezzaNEW: Altezza in pixel della destinazione.
- $LarghezzaCopia: Larghezza in pixel della copia d'origine.
- $AltezzaCopia: Altezza in pixel della copia d'origine

es_46_imagecopyresampled

http://www.taccetti.net/web/phpgd2/index.php?id=61

```php
<?php
$PuntoCopiaX = isset($_POST['PuntoCopiaX']) ? $_POST['PuntoCopiaX'] : 5;
$PuntoCopiaY = isset($_POST['PuntoCopiaY']) ? $_POST['PuntoCopiaY'] : 0;
$LarghezzaCopia = isset($_POST['LarghezzaCopia']) ? $_POST['LarghezzaCopia'] : 60;
$AltezzaCopia = isset($_POST['AltezzaCopia']) ? $_POST['AltezzaCopia'] : 60;
$percentualeVariazione=isset($_POST['percentualeVariazione']) ? $_POST['percentualeVariazione'] : 1.8;

$NomeFile = 'smiley.jpg';// carica il file

//$percentualeVariazione = 1.8; //definisce la percentuale di variazione,se superiore 1 ingrandisce
// legge dimensioni dell'immagine
$infoImage = getimagesize($NomeFile); // $infoImage[0]; $infoImage[1]; =  larghezza  e altezza

// calcola ingrandimento o riduzione
$largezzaNEW = $LarghezzaCopia * $percentualeVariazione;
$altezzaNEW = $AltezzaCopia * $percentualeVariazione;

// misure per il centraggio dell'immagine
$PuntoDestinazioneX = ($infoImage[0]- $largezzaNEW)/2;
$PuntoDestinazioneY = ($infoImage[1] - $altezzaNEW) /2;

// costruisce immagine per adesso vuota
$Immagine_destinazione = imagecreatetruecolor($largezzaNEW, $altezzaNEW);

// immagine originaria 'smiley.jpg' come destinazione
$Immagine_destinazione = imagecreatefromjpeg($NomeFile);
$Immagine_Origine = imagecreatefromjpeg($NomeFile);
// a questo punto $Immagine_destinazione e $Immagine_destinazione sono identiche

// esegue la funzione
imagecopyresampled($Immagine_destinazione, $Immagine_Origine,
                            $PuntoDestinazioneX, $PuntoDestinazioneY,
                            $PuntoCopiaX, $PuntoCopiaY,
                            $largezzaNEW, $altezzaNEW,
                            $LarghezzaCopia, $AltezzaCopia
                            );
```

imagejpeg($Immagine_destinazione, "es_46_imagecopyresampled.jpg"); // salva file
imagedestroy($Immagine_destinazione);
?><!doctype html><html><head><meta charset="utf-8"></head><body>
<img src="es_46_imagecopyresampled.jpg">
</body></html>

Immagine origine   Risultato

Canale Alpha

Nelle immagini digitale di tipo RGB i colori vengono rappresentati attraverso la miscelazione dei tre colori basilari, rosso, verde, blu (Red, Green,Blu) denominati anche canali di colore.
Ad es. uno dei 16.777.216 colori possibili RGB(255,0,255) è il Viola.
A questo tipo di immagine, per ciascun colore usato, può essere associato un quarto canale denominato canale Alpha il quale consente di applicare la trasparenza.
Se, ad esempio, al canale Alpha del colore Viola visto in precedenza ha valore 0, cioè RGB(255,0,255,0), ogni singolo pixel di questo colore sarà completamente opaco.
Poiché il canale Alpha, per il colore assegnatogli, può assumere valori in un range che va da 0 (completamente opaco) a 127 (completamente trasparente) questo canale può essere usato per generare zone ombreggiate e sfumate di varie intensità.

Per le ragioni esposte, la trasparenza PNG24 e PNG32 opera in modo diverso dalla trasparenza GIF, per allocare i colori occorre usare la funzione imagecolorallocatealpha () impostando imagealphablending () su false.

imagesavealpha(), imposta flag per salvare i dati del canale alfa

Questa funzione richiede GD 2.0.28 o superiore.
Imposta l'opzione per salvare tutte le informazioni del canale alfa, da non confondere con trasparenza di singolo colore nell'immagine. Ad oggi (2016), il canale Alfa non è supportato da tutti i browser.
È necessario disattivare alphablending() impostandolo su false.
Permette di salvare file png con trasparenza su altro file png con trasparenza mantenendole entrambe.

imagesavealpha (resource $image , bool $saveflag)

Parametri

- $image: Una risorsa immagine, restituita da una funzione di creazione immagine come ad es. imagecreatetruecolor().
- $saveflag: Setta il canale alfa su TRUE. (Predefinito è FALSE.)

es_51_imagesavealpha

```php
<?php
$immagine = imagecreatefrompng('RosaDeiVenti.png'); // carica immagine con trasparenza per lo sfondo
$immagineLOGO = imagecreatefrompng('logo.png'); // carica immagine con trasparenza da sovrapporre
imagealphablending($immagine, true); // abilita imagealphablending
imagesavealpha($immagine, true); // abilita imagesavealpha, salvataggio con trasparenza
```

```
// copia l'immagine logo.png su RosaDeiVenti.png
imagecopy($immagine, $immagineLOGO, 50, 50, 0, 0, 150, 94);

imagepng($immagine); // al browser
imagepng($immagine, 'es_51_imagesavealpha.png');// salva immagine
imagedestroy($immagine);imagedestroy($immagineLOGO); // libera memoria
?>
```
Risultato:

RosaDeiVenti.png   logo.png   Risultato

imagealphablending(), imposta il metodo di fusione immagine

Consente due diverse modalità di disegno su immagini TrueColor.
Nel metodo di fusione, la componente canale Alpha del colore fornita determina la quantità del colore sottostante dovrebbe essere trasparire.
Come risultato, GD fonde automaticamente il colore esistente in quel punto, e memorizza il risultato nell'immagine. Il pixel risultante è opaco.
In modalità non-fusione, il colore disegno viene copiato letteralmente con le relative informazioni canale Alèha, che sostituisce il pixel di destinazione.

imagealphablending (resource $image , bool $blendmode)

Parametri

* $image: Una risorsa immagine, restituita da funzione di creazione immagine.
* $blendmode: Abilita o non abilita il metodo di fusione.
  Su immagini a colori il valore predefinito è TRUE altrimenti il valore predefinito è FALSE.

L'esempio seguente crea e salva un'immagine con
imagealphablending($Immagine,FALSE);
Decommentando le 2 righe successive sarà possibile vedere il risultato con
imagealphablending($Immagine,TRUE);

es_52_imagealphablending

```php
<?php
$Immagine=imagecreatetruecolor(400, 400); // crea immagine di 400x400 pixel, per default lo sfondo è ner
$NomeImmagine = "es_52_FALSE_imagealphablending.png";
imagealphablending($Immagine,FALSE);

/* decommentare le 2 linee successive per vedere la differnza */
//$NomeImmagine = "es_52_TRUE_imagealphablending.png";
//imagealphablending($Immagine,TRUE);

//centro delle circonferenze
$VerdeX = 100; $VerdeY = 100;
$CelesteX = 300; $CelesteY = 100;
$BluX = 100;    $BluY = 300;
$GialloX = 300;$GialloY = 300;
$diametro = 150;

// colore del quadrato
```

```php
$RossoOpaco = imagecolorallocatealpha($Immagine, 255, 0, 0, 0);

// alloca i colori con valori ALPHA
$VerdeALPHA = imagecolorallocatealpha($Immagine, 0, 255, 0, 80);
$CelesteALPHA = imagecolorallocatealpha($Immagine, 0, 255, 255, 80);
$GialloALPHA = imagecolorallocatealpha($Immagine, 255, 255, 0, 80);
$BluALPHA = imagecolorallocatealpha($Immagine, 0, 0, 255, 80);

// disegna un quadrato rosso
imagefilledrectangle($Immagine, 100,100,300,300, $RossoOpaco);

// disegna 4 circonferenze sovrapposte al quadrato
imagefilledellipse($Immagine, $VerdeX, $VerdeY, $diametro, $diametro, $VerdeALPHA);
imagefilledellipse($Immagine, $CelesteX, $CelesteY, $diametro, $diametro, $CelesteALPHA);
imagefilledellipse($Immagine, $GialloX, $GialloY, $diametro, $diametro, $GialloALPHA);
imagefilledellipse($Immagine, $BluX, $BluY, $diametro, $diametro, $BluALPHA);

header('Content-Type: image/png');
imagepng($Immagine); // al browser
imagepng($Immagine, $NomeImmagine); // salva
imagedestroy($Immagine); // libera memoria
?>
```
Risultato:

imagealphablending = FALSE

imagealphablending = TRUE

imagecolorallocatealpha(),alloca colore con parametro Alpha

Nelle immagini digitali la rappresentazione dei colori avviene usando i canali RGB combinati.
Alpha è il canale aggiuntivo che descrive il grado di opacità, questo grado è determinato da un valore numerico fra zero per opacità massima, a 127 per trasparenza assoluta.
A parte il parametro Alpha, questa funzione è identica a imagecolorallocate().

imagecolorallocatealpha (resource $image , int $red , int $green , int $blue , int $alpha)

Parametri

- $image: Una risorsa immagine restituita da una funzione di creazione immagine
- $red: Valore della componente rossa (fra 0 e 255)
- $green: Valore della componente verde (fra 0 e 255)
- $blue: Valore della componente blu (fra 0 e 255)
- $alpha: Valore della componente alfa (fra 0 e 127)
    - 0 = completamente opaco
    - 127 = completamente trasparente

es_53_trasparenzaALPHA

```php
<?php
$DimIMMA = 400; // dimensioni immagine
$Immagine=imagecreatetruecolor($DimIMMA, $DimIMMA); // crea immagine, per default lo sfondo è nero
```

```
// alloca colore bianco per sfondo dell'immagine
$SfondoBianco = imagecolorallocate($Immagine, 255, 255, 255);
```

```
// sfondo bianco e bordo nero
imagefilledrectangle($Immagine, 10, 10, $DimIMMA - 10, $DimIMMA - 10, $SfondoBianco);
```

```
//centro delle circonferenze
$VerdeX = 100; $VerdeY = 100; $CelesteX = 300; $CelesteY = 100;
$BluX = 100;    $BluY = 300;     $GialloX = 300;$GialloY = 300;
$diametro = 150;
```

```
// colore del quadrato
$RossoOpaco = imagecolorallocatealpha($Immagine, 255, 0, 0, 0);
```

```
// alloca i colori con valori ALPHA
$VerdeALPHA = imagecolorallocatealpha($Immagine, 0, 255, 0, 80);
$CelesteALPHA = imagecolorallocatealpha($Immagine, 0, 255, 255, 80);
$GialloALPHA = imagecolorallocatealpha($Immagine, 255, 255, 0, 80);
$BluALPHA = imagecolorallocatealpha($Immagine, 0, 0, 255, 80);
```

```
// disegna un quadrato rosso
imagefilledrectangle($Immagine, 100,100,300,300, $RossoOpaco);
```

```
// disegna 4 circonferenze sovrapposte al quadrato
imagefilledellipse($Immagine, $VerdeX, $VerdeY, $diametro, $diametro, $VerdeALPHA);
imagefilledellipse($Immagine, $CelesteX, $CelesteY, $diametro, $diametro, $CelesteALPHA);
imagefilledellipse($Immagine, $GialloX, $GialloY, $diametro, $diametro, $GialloALPHA);
imagefilledellipse($Immagine, $BluX, $BluY, $diametro, $diametro, $BluALPHA);
```

```
imagepng($Immagine, "es_53_trasparenzaALPHA_1.png"); // salva
```

es_53_trasparenzaALPHA_1.png

```
// disegna 4 ellissi sovrapposti al quadrato e alle circonferenze
imagefilledellipse($Immagine, $VerdeX, $VerdeY+100, $diametro/2, $diametro, $VerdeALPHA-40);
imagefilledellipse($Immagine, $CelesteX-100, $CelesteY, $diametro, $diametro/2, $CelesteALPHA-40);
imagefilledellipse($Immagine, $GialloX, $GialloY-100, $diametro/2, $diametro, $GialloALPHA-40);
imagefilledellipse($Immagine, $BluX+100, $BluY, $diametro, $diametro/2, $BluALPHA);
```

```
header('Content-Type: image/png');
imagepng($Immagine); // al browser
imagepng($Immagine, "es_53_trasparenzaALPHA_2.png"); // salva
imagedestroy($Immagine); // libera memoria
?>Risulato:
```

es_53_trasparenzaALPHA_2.png

Il seguente esempio crea una scala di trasparenza Alpha per i tre colori base.
Purtroppo, su carta, cioè su fondo bianco, non da il miglio di se, è consigliabile vederla direttamente su monito o con un software di grafica idoneo.

es_54_scala_trasparenzaALPHA

```php
<?php
$Larghezza = 1270; $Altezza = 360; // dimensione immagine
$Immagine=imagecreatetruecolor($Larghezza, $Altezza); // crea immagine truecolor
imagealphablending($Immagine, false);// Spenge alpha blending
imagesavealpha($Immagine, true);// attiva il flag alpha Impostandolo su true

$Bianco = imagecolorallocate($Immagine, 255, 255, 255); // colore per valori
$Nero = imagecolorallocate($Immagine, 0, 0, 0); // colore per linee tratteggiate verticali

// inizio creazione scala di trasparenza
for ($x=0; $x< $Larghezza; $x++){
        $Opacita = (127.0/$Larghezza * $x);

$Rosso = imagecolorallocatealpha($Immagine, 255, 0, 0, $Opacita);
imageline ($Immagine , $x , 0 , $x , ($Altezza-1)/4 , $Rosso );

$Verde = imagecolorallocatealpha($Immagine, 0, 255, 0, $Opacita);
imageline ($Immagine , $x , 0+100 , $x , ($Altezza-1)/4+100 , $Verde );

$Blu = imagecolorallocatealpha($Immagine, 0, 0, 255, $Opacita);
imageline ($Immagine , $x , 0+200 , $x , ($Altezza-1)/4+200 , $Blu );

// indicatori del grafico
if($x/50 == floor($x/50)){
imagestring($Immagine, 4, $x, 310, floor($Opacita) , $Bianco);// indicatore testuale di opacità
imageline ($Immagine , $x , 0 , $x , ($Altezza-1)/4+200 , $Nero );// linee verticali
}
}
imagestring($Immagine, 5, 10, 10, "Scala trasparenza Alpha" , $Nero); // titolo

header('Content-type: image/png');
imagepng($Immagine,"es_52_scala_trasparenzaALPHA.png"); // salva
imagepng($Immagine); // a video
imagedestroy($Immagine); // libera memoria
?>
```

Risultato:

Creare immagini con trasparenza

Per trasparenza si intende la capacità di far vedere quello che c'è al di sotto di un'immagine o parte di essa ed è per definizione l'opposto di opacità. Nella pratica, la trasparenza è disponibile in due varianti.

- La prima a 256 colori, riguarda le immagini GIF e PNG8 dove un pixel può essere completamente trasparente o completamente opaco.

Tenere presente che 256 colori non significa che sono disponibili solo i 256 colori predefiniti, ma solo che è possibile utilizzarne fino a un massimo 256 in una singola immagine.
- La seconda riguarda file PNG24 e PNG32 che supportano 16 milioni di colori e trasparenza Alpha. Con queste immagini è possibile ottenere livelli variabili di opacità utili per immagini complesse con sfumature, bordi arrotondati, gradienti ecc.

Trasparenza a 256 colori

Questo tipo di trasparenza è applicabile alle immagini nei formati GIF e PNG8.
Un solo colore (o tonalità di colore) può essere trasparente, deve quindi essere scelto quale fra quegli contenuti nell'immagine debba far trasparire il contenuto sottostante.
Nell'esempio seguente viene creata un'immagine di 4 colori con imagecreate() e su di essa disegnate figure geometriche.
Notare che il primo colore definito è automaticamente assegnato allo sfondo.
Con imagecolorat(), viene letto un punto/colore x,y dell'immagine e con imagecolortransparent() reso trasparente quel colore per tutta l'immagine.

Cambiando i valori x,y per una posizione con altro colore, sarà quest'ultimo ad essere reso trasparente.

es_55_GIF_con_trasparenza

```php
<?php
$Immagine = imagecreate(200,200); // crea immagine
$Rosso = imagecolorallocate($Immagine, 255,0,0);// definisce Rosso

// il primo colore definito è automaticamente assegnato allo sfondo
$Verde = imagecolorallocate($Immagine, 0,255,0);
$Blu = imagecolorallocate($Immagine, 0,0,255);
$Giallo = imagecolorallocate($Immagine, 255,255,0);

// quadrati grandi, quello di colore non è necessario perchè lo sfondo è Rosso
imagefilledrectangle($Immagine,100,0,200,100,$Verde);
imagefilledrectangle($Immagine,100,100,200,200,$Blu);
imagefilledrectangle($Immagine,0,100,100,200,$Giallo);

// quadrati piccoli agli angoli
imagefilledrectangle($Immagine,150,0,200,50,$Rosso);
imagefilledrectangle($Immagine,150,150,200,200,$Verde);
imagefilledrectangle($Immagine,0,150,50,200,$Blu);
imagefilledrectangle($Immagine,0,0,50,50,$Giallo);
imagegif($Immagine,"es_55_GIF_con_trasparenza_1.gif"); // salva senza trasparenza

// legge punto x,y dell'immagine
$ColoreTrasparenza = imagecolorat($Immagine, 1, 1);

// rende trasparente il colore letto nel punto x,y
imagecolortransparent($Immagine, $ColoreTrasparenza);

header("Content-type: image/gif");
imagegif($Immagine,"es_55_GIF_con_trasparenza_2.gif"); // salva

// salva PNG (alternativo ed incompatibile con le istruzioni delle 2 righe precedenti)
// header("Content-type: image/png");
// imagepng($Immagine,"es_55_PNG_con_trasparenza.png"); // salva

imagegif($Immagine); // al browser
imagedestroy($Immagine); // libera memoria
```

?>Risultato:

Immagine creata

Risultato
con giallo trasparente

Il seguente esempio, trasforma il file formato GIF risultante dall'esempio precedente in PNG praticamente senza nessun utilizzo di funzioni ma solo caricandolo il GIF e salvandolo come PNG.

es_55bis_da_GIF_a_PNG

```php
<?php
$Immagine = imagecreatefromgif('es_55_GIF_con_trasparenza.gif');
header("Content-type: image/png");
imagepng($Immagine,'es_55bis_da_GIF_a_PNG.png'); // salva
imagedestroy($Immagine); // libera memoria
?>
```

Canale Alpha trasparenza e opacità

Con GD per utilizzare la trasparenza Alpha è essenziale usare la funzione imagecreatetruecolor() per creare immagini oppure caricare immagini esistenti che abbiano le stesse qualità.
Le immagini TrueColor possono anche essere JPG/JPEG, ma a differenza del formato PNG, queste non supportano la trasparenza completa ma solo diversi gradi di opacità.
La funzione imagecolorallocatealpha() dispone di 4 canali, i tre colori RGB e il valore del canale Alpha per la trasparenza.
L'esempio seguente crea immagini TrueColor identiche, poi le passa agli stessi parametri con la componente Alpha, qunidi le salva nei formati JPG e PNG mostrando la differenza di risultato.

es_56_canale_alpha_con_jpg_png

```php
<?php
for($x=1;$x<4;$x++){$Immagine[$x] = imagecreatetruecolor(220,120);} // crea tre immagini true color

// gradi di opacità sfondo immagini
$Opacita[1] = 0; $Opacita[2] = 100; $Opacita[3] = 127;
for($x=1;$x<4;$x++) // imposta gradi di opacità sul colore verde per ciascuna immagine
{
imagesavealpha($Immagine[$x], true); // imposta il flag per salvare informazioni con canale Alpha
$CanaleAlpha = imagecolorallocatealpha($Immagine[$x], 0, 255, 0, $Opacita[$x]);
imagefill($Immagine[$x], 0, 0, $CanaleAlpha); // se PNG rende l'immagine completamente trasparente
}

// alloca il rosso con tre diversi gradi di opacità
$Rosso1 = imagecolorallocatealpha($Immagine[1],255,0,0,0); // alpha = 0
$Rosso2 = imagecolorallocatealpha($Immagine[1],255,0,0,64); // alpha = 64
$Rosso3 = imagecolorallocatealpha($Immagine[1],255,0,0,110); // alpha = 110
```

```
// crea 3 circonferenze con rosso di diversa opacità
for($x=1;$x<4;$x++){
imagefilledellipse($Immagine[$x],40,35,60,60,$Rosso1);
imagefilledellipse($Immagine[$x],110,35,60,60,$Rosso2);
imagefilledellipse($Immagine[$x],180,35,60,60,$Rosso3);
}
// salva JPG
for($x=1;$x<4;$x++){imagejpeg($Immagine[$x],"immagine".$x.".jpg",100);}

// salva PNG e libera la memoria
for($x=1;$x<4;$x++) {imagepng($Immagine[$x],"immagine".$x.".png"); imagedestroy($Immagine[$x]);
}
?>
```
Risultato:

Il seguito del capitolo è rivolto agli effetti delle funzioni GD sui file in formato PNG.

Soddisfatto il requisito del tipo di immagine imagecreatetruecolor() ed usando la funzione imagecolorallocatealpha() , è possibile disegnarci con i gradi di trasparenza che GD permette.

Quando l'immagine viene creata ad es. $Immagine = imagecreatetruecolor(200,200);
viene creata un'immagine di 200x200 pixel (larghezza per altezza)
Alla creazione, il colore di sfondo e' sempre nero.

Di solito vengono usate una delle tecniche sotto descritte.

- Viene allocato il colore che sarà trasparente
  ad es. il Nero, $CanaleAlpha = imagecolorallocatealpha($Immagine, 0, 0, 0, 127);
  Nell'utilizzo è solitamente usata una delle 2 tecniche:
  - Coprire l'immagine con rettangolo di colore trasparente utilizzando la funzione
    imageFilledRectangle($Immagine, 0,0,200,200, $CanaleAlpha)
    oppure
  - Rendere l'immagine completamente trasparente con
    imagefill($Immagine, 0, 0, $CanaleAlpha);
- Impostare il flag per salvare informazioni con canale Alpha
  imagesavealpha($Immagine, true);

Il seguente esempio crea un'immagine trasparente, su questa, utilizzando il canale Alpha vengono disegnate alcune figure semitrasparenti.

es_57_alfa_trasparenza

```
<?php
$Immagine=imagecreatetruecolor(400, 400); // crea immagine di 400x400 pixel, per default lo sfondo è nero

/*** rende l'immagine TRASPARENTE ***/
imagesavealpha($Immagine, true); // imposta il flag per salvare informazioni con canale Alpha
$CanaleAlpha = imagecolorallocatealpha($Immagine, 255, 255, 0, 127);
imagefill($Immagine, 0, 0, $CanaleAlpha); // rende l'immagine completamente trasparente

// VALORI PER DISEGNARE LE IMMAGINI SU FONDO TRASPARENTE

//centro delle circonferenze
$VerdeX = 100; $VerdeY = 100; $CelesteX = 300; $CelesteY = 100;
```

```
$BluX = 100;    $BluY = 300; $GialloX = 300;$GialloY = 300;
$diametro = 150;

// colore del quadrato
$RossoOpaco = imagecolorallocatealpha($Immagine, 255, 0, 0, 0);

// alloca i colori con valori ALPHA
$VerdeALPHA = imagecolorallocatealpha($Immagine, 0, 255, 0, 80);
$CelesteALPHA = imagecolorallocatealpha($Immagine, 0, 255, 255, 80);
$GialloALPHA = imagecolorallocatealpha($Immagine, 255, 255, 0, 80);
$BluALPHA = imagecolorallocatealpha($Immagine, 0, 0, 255, 80);

// disegna un quadrato rosso
imagefilledrectangle($Immagine, 100,100,300,300, $RossoOpaco);

// disegna 4 circonferenze sovrapposte al quadrato
imagefilledellipse($Immagine, $VerdeX, $VerdeY, $diametro, $diametro, $VerdeALPHA);
imagefilledellipse($Immagine, $CelesteX, $CelesteY, $diametro, $diametro, $CelesteALPHA);
imagefilledellipse($Immagine, $GialloX, $GialloY, $diametro, $diametro, $GialloALPHA);
imagefilledellipse($Immagine, $BluX, $BluY, $diametro, $diametro, $BluALPHA);


header('Content-Type: image/png');
imagepng($Immagine); // al browser
imagepng($Immagine, "es_57_alfa_trasparenza.png"); // salva
imagedestroy($Immagine); // libera memoria
?>
```
Risultato:

Fusione fra immagini con trasparenza preservando le trasparenze.

Notare che con imagecopyresampled(), la grata viene ridimensionata adattandosi perfettamente all'immagine con la tigre.

es_58_copia_trasparente_su_trasparente

```
<?php
$ImmagineGrata = imagecreatefrompng("Grata.png"); // carica immagine della grata
$GrataLarghezza = imagesx($ImmagineGrata); // dimensioni grata
$GrataAltezza = imagesy($ImmagineGrata);

// carica immagine della tigre
$ImmagineTigre = imagecreatefrompng('Tigre.png');
$TigreLarghezza = imagesx($ImmagineTigre); // dimensioni tigre
$TigreAltezza = imagesy($ImmagineTigre);

imagealphablending( $ImmagineTigre, true );
imagesavealpha( $ImmagineTigre, true );

// copia la grata sulla tigre dimensionandola all'immagine ricevente preservando la trasparenza
imagecopyresampled($ImmagineTigre, $ImmagineGrata, // immagini in elaborazione Grata si Tigre
            0, 0, // x,y
            0, 0, // x,y
```

$TigreLarghezza, $TigreAltezza, // larghezza e altezza destinazione
$GrataLarghezza, $GrataAltezza // larghezza e altezza sorgente
);

imagepng($ImmagineTigre,'es_58_copia_trasparente_su_trasparente.png',9); // salva
imagepng($ImmagineTigre); // al browser

imagedestroy($ImmagineTigre); imagedestroy($ImmagineDaSovrascrivere); // libera memoria
?>Risultato:

Immagini usate   Risultato

Esempio, es_59_rendere_trasparente_un_colore, rende trasparente un colore che fa parte dell'immagine.
Il colore è il rosso nella parte di un quadrato che non ha sovrapposizioni e le circonferenze sfumano gli
angoli. Per farlo occorre conoscere la posizione di un pixel dell'immagine che contiene il colore da rendere
trasparente. Con più passaggi possono essere resi trasparenti anche più colori della stessa immagine.

es_59_rendere_trasparente_un_colore

```php
<?php
// carica l'immagine il cui fondo è da rendere trasparente
$ImmagineOpaca = imagecreatefrompng("es_59_ImmagineOpaca.png");

// dimensione dell'immagine
$ImmagineOpacaLarghezza = imagesx($ImmagineOpaca);
$ImmagineOpacaAltezza = imagesy($ImmagineOpaca);

// crea una nuova immagine delle stesse dimensioni, a questo punto è nera
$ImmagineNEW = imagecreatetruecolor( $ImmagineOpacaLarghezza, $ImmagineOpacaAltezza );

imagesavealpha( $ImmagineNEW, true ); // prepara il salvataggio per il canale Alpha


// alloca il colore per la trasparenza
$CanaleALPHA = imagecolorallocatealpha( $ImmagineNEW, 0, 0, 0, 127 );

// rende trasparente l'immagine colorandola con il canale Alpha valore 127
imagefill( $ImmagineNEW, 0, 0, $CanaleALPHA );

// legge il colore che dovrà divenire trasparente
// in questo esempio è il punto al centro dell'immagine

$ColoreDaTrasparire = imagecolorat( $ImmagineOpaca, $ImmagineOpacaAltezza/2,
$ImmagineOpacaLarghezza/2);

// loop sull'immagine opaca
for($x = 0; $x < $ImmagineOpacaLarghezza; $x++) // scansiona larghezza
{
for( $y = 0; $y < $ImmagineOpacaAltezza; $y++ ) // scansiona altezza
$ColorePixelLetto = imagecolorat( $ImmagineOpaca, $x, $y ); // legge il colore del pixel

if($ColoreDaTrasparire<>$ColorePixelLetto)// se colore letto è diverso da quello da fare trasparente
{imagesetpixel( $ImmagineNEW, $x, $y, $ColorePixelLetto);} // scrive nella nuova immagine il pixel letto }}

imagepng($ImmagineNEW, 'es_59_rendere_trasparente_un_colore.png');// salva
imagepng($ImmagineNEW); // al browser
imagedestroy($ImmagineNEW);imagedestroy($ImmagineOpaca); // libera memoria
```

?>Risultato:

Con una tecnica simile alla precedente viene creato un foro trasparente su di una immagine JPEG che viene poi salvata nel formato PNG.

es_60_foro_trasparente_in_immagine

```php
<?php
$ImmaSorg = imagecreatefromjpeg("cane.jpg");  // carica immagine truecolor opaca
$Lar_Imma = imagesx($ImmaSorg); $Alt_Imma = imagesy($ImmaSorg); // Larghezza e Altezza

$R = 33; // raggio del foro trasparente

// crea nuova immagine delle dimensione dell'immagine sorgente
$ImmaRisult = imagecreatetruecolor($Lar_Imma, $Alt_Imma);
$Trasp_Alpha = imagecolorallocatealpha($ImmaRisult, 0, 0, 0, 127);// colore trasparente
imagefill($ImmaRisult, 0, 0, $Trasp_Alpha);// rende l'immagine completamente trasparente

// Setta l'immagine per salvataggio con il canale Alpha
imagealphablending($ImmaRisult, false);
imagesavealpha($ImmaRisult, true);

// copia l'immagine sorgente sull'immagine trasparente
imagecopyresampled($ImmaRisult, $ImmaSorg, 0, 0, 0, 0, $Lar_Imma, $Alt_Imma, $Lar_Imma, $Alt_Imma);

// crea il foro centrale
imagefilledellipse($ImmaRisult, $Lar_Imma/2, $Alt_Imma/2, $R*3, $R*3, $Trasp_Alpha);

imagepng($ImmaRisult,"es_60_foro_trasparente_in_immagine.png");// salva
imagepng($ImmaRisult);// al browser
imagedestroy($ImmaSorg);imagedestroy($ImmaRisult); // libera memoria
?>
```
Risultato:

Immagine sorgente   Risultato

Sulla scorta dell'esempio precedente risulta agevole creare angoli arrotaondati dalla trasparenza. Il metodo è sempre lo stesso, creare un'immagine trasparente delle dimensioni dell'immagine sorgente, copiarci sopra l'immagine sorgente e poi ritagliare i pezzi che vogliamo disegnandoci la figura e riempiendola di trasparenza.

es_61_angoli_arrotondati

```php
<?php //
$ImmaSorg = imagecreatefromjpeg("cane.jpg"); // carica immagine
$Lar_Imma = imagesx($ImmaSorg); $Alt_Imma = imagesy($ImmaSorg);// dimensioni
$R = 33; // raggio dell'angolo arrotondato
```

// crea nuova immagine delle dimensione dell'immagine sorgente
$ImmaRisult = imagecreatetruecolor($Lar_Imma, $Alt_Imma);
$Trasp_Alpha = imagecolorallocatealpha($ImmaRisult, 0, 0, 0, 127); // colore trasparente
imagefill($ImmaRisult, 0, 0, $Trasp_Alpha);// rende l'immagine completamente trasparente

// Setta l'immagine per salvataggio con il canale Alpha
imagealphablending($ImmaRisult, false);
imagesavealpha($ImmaRisult, true);

// copia l'immagine sorgente sull'immagine trasparente
imagecopyresampled($ImmaRisult, $ImmaSorg, 0, 0, 0, 0, $Lar_Imma, $Alt_Imma, $Lar_Imma, $Alt_Imma);
// crea il foro centrale come da esempio precedente (decommentare per vederlo)
// imagefilledellipse($ImmaRisult, $Lar_Imma/2, $Alt_Imma/2, $R*2, $R*2, $Trasp_Alpha);

/*** disegna archi sugli angoli dell'immagine ***/
imagearc($ImmaRisult, Lar_Imma-R, Alt_Imma-R, $R*2, $R*2, 0, 90, $Trasp_Alpha); // basso a destra
imagearc($ImmaRisult, $R-1, Alt_Imma-R, $R*2, $R*2, 90, 180, $Trasp_Alpha); // basso a sinistra
imagearc($ImmaRisult, $R-1, $R-1, $R*2, $R*2, 180, 270, $Trasp_Alpha); // alto a sinistra
imagearc($ImmaRisult, Lar_Imma-R, $R-1, $R*2, $R*2, 270, 0, $Trasp_Alpha); // alto a destra

imagepng($ImmaRisult,"es_61_angoli_arrotondati_1.png"); // salva elaborazione parziale

elaborazione parziale

/*** svuotamento degli archi colorandoli di trasparenza ***/
imagefilltoborder($ImmaRisult, $Lar_Imma-1, $Alt_Imma-1, $Trasp_Alpha, $Trasp_Alpha);// basso a destra
imagefilltoborder($ImmaRisult, 0, $Alt_Imma-1, $Trasp_Alpha, $Trasp_Alpha); // basso a sinistra
imagefilltoborder($ImmaRisult, 0, 0, $Trasp_Alpha, $Trasp_Alpha); // alto a sinistra
imagefilltoborder($ImmaRisult, $Lar_Imma-1, 0, $Trasp_Alpha, $Trasp_Alpha); // alto a destra

imagepng($ImmaRisult,"es_61_angoli_arrotondati_2.png");// salva
imagepng($ImmaRisult); // al browser
imagedestroy($ImmaSorg); imagedestroy($ImmaRisult); // libera memoria
?>Risultato:

Immagine d'origine   risultato

Ottenere e impostare caratteristiche delle immagini

Le seguenti funzioni e corrispondenti esempi forniscono o impostano caratteristiche delle immagini.

imagelayereffect(),imposta effetto Alpha miscelazione immagini

imagelayereffect (resource $image , int $effect)

Parametri

- $image: Una risorsa immagine restituita da una delle funzioni di creazione immagine.
- $effect:Una dei seguenti costanti:
  - IMG_EFFECT_REPLACE: Pixel di sostituzione, equivale a true con imagealphablending()
  - IMG_EFFECT_ALPHABLEND: Uso normale, equivale a false con imagealphablending())
  - IMG_EFFECT_NORMAL: Come IMG_EFFECT_ALPHABLEND.
  - IMG_EFFECT_OVERLAY: Effetto sovrapposizione. Sfondo nero rimarrà nero, sfondo bianco rimane bianco, ma grigio avrà il colore del pixel di primo piano .

es_62a_imagelayereffect

```php
<?php
$immagine = imagecreatetruecolor(200, 200); // crea immagine
imagefill($immagine, 0, 0, imagecolorallocate($immagine, 190, 190, 190)); // Definisce lo sfondo grigio

// Applica l'overlay sull'immagine
imagelayereffect($immagine, IMG_EFFECT_OVERLAY);

// Disegna le ellisse
imagefilledellipse($immagine, 100, 100, 100, 100, imagecolorallocate($immagine, 90, 255, 90));
imagefilledellipse($immagine, 100, 100, 120, 195, imagecolorallocate($immagine, 90, 90, 255));
imagefilledellipse($immagine, 100, 100, 195, 120, imagecolorallocate($immagine, 255, 90, 90));

header('Content-type: image/png');
imagepng($immagine); // al browser
imagepng($immagine,"es_62a_imagelayereffect.png"); // salva
imagedestroy($immagine); // libera memoria
?>Risultato:
```

Sfruttando IMG_EFFECT_OVERLAY verrà creata una cornice intorno all'immagine.

es_62b_imagelayereffect

```php
<?php
$Immagine = imagecreatefromjpeg( "cane.jpg");// carica immagine del ritratto
$Lar = imagesx($Immagine);     $Alt = imagesy($Immagine); // recupera larghezza e altezza

$ColoreAlpha = imagecolorallocatealpha($Immagine,127,127,127,19); // colore per sovrapposizione
$ImmagineMaschera = imagecreatetruecolor($Lar,$Alt); // Crea maschera

imagefilledellipse ($ImmagineMaschera, $Lar/2,$Alt/2, $Lar*.95,$Alt*.95, $ColoreAlpha); // crea ellisse
```

// effetto sovrapposizione, dopo imagecopy() il cane sarà nella cornice
imagelayereffect($ImmagineMaschera, IMG_EFFECT_OVERLAY);

// copia tutta l'immagine sorgente sull'immagine maschera
imagecopy($ImmagineMaschera, $Immagine, 0,0, 0,0, $Lar,$Alt);

imagepng($ImmagineMaschera); // al browser
imagepng($ImmagineMaschera, "es_62b_imagelayereffect.png"); // salva
imagedestroy($Immagine);imagedestroy($ImmagineMaschera); // libera memoria
?>Risultato:

Immagine sorgente   Risultato

imagecolorexactalpha(),ottenere indice colore + alpha specificato

imagecolorexactalpha (resource $image , int $red , int $green , int $blue , int $alpha)

Parametri

- $image: Una risorsa immagine restituita da una funzione di creazione immagine
- $red: Valore della componente rossa (fra 0 e 255 compresi).
- $green: Valore della componente verde (fra 0 e 255 compresi).
- $ble: Valore della componente blu (fra 0 e 255 compresi).
- $alpha: Un valore compreso tra 0 e 127.
  0 indica completamente opaco, mentre 127 indica completamente trasparente.

Immagine caricata in memoria:

es_62c_imagecolorexactalpha

```php
<?php
$Immagine = imagecreatefrompng('trasparenzaALPHA.png'); // carica immagine

$Colori = Array();
$Colori[] = imagecolorexactalpha($Immagine, 255, 0, 0, 0);
$Colori[] = imagecolorexactalpha($Immagine, 0, 0, 0, 127);
$Colori[] = imagecolorexactalpha($Immagine, 255, 255, 255, 55);
$Colori[] = imagecolorexactalpha($Immagine, 100, 255, 52, 20);

print_r($Colori);// risultati a video
imagedestroy($Immagine); // libera memoria
```

?>Risultato:
Array ([0] => 16711680 [1] => 2130706432 [2] => 939524095 [3] => 342163252)

imagecolorresolvealpha(),ottiene indice colore+alfa o alternativa

Funzione aggiunta in PHP 4.0.6, richiede GD 2.0.1

imagecolorresolvealpha (resource $image , int $red , int $green , int $blue , int $alpha)

Parametri

- $image: Una risorsa immagine restituita da una funzioni di creazione immagine.
- $red: Valore della componente rossa.
- $green: Valore della componente verde.
- $blue: Valore della componente blu.
- alpha: Valore compreso tra 0 e 127.
  0 indica completamente opaco, 127 completamente trasparente (esadecimale tra 0x00 e 0xFF)

Valori restituiti:

Restituisce un indice di colore, vedere anche imagecolorclosestalpha()

Immagine caricata in memoria:

es_62d_imagecolorresolvealpha

```php
<?php
$Immagine = imagecreatefrompng('trasparenzaALPHA.png'); // Carica l'immagine
imagetruecolortopalette($Immagine, false, 255);

$Colori = array(// Ricerca colori (RGB+Alpha)
array(254, 145, 154, 50),array(153, 145, 188, 127),array(153, 90, 145, 0),array(255, 137, 92, 84)
);

foreach($Colori as $Id => $rgb) // Loop attraverso i colori da trovare.
{
$risultato = imagecolorclosestalpha($Immagine, $rgb[0], $rgb[1], $rgb[2], $rgb[3]);
$risultato = imagecolorsforindex($Immagine, $risultato);
$risultato = "({$risultato['red']}, {$risultato['green']}, {$risultato['blue']}, {$risultato['alpha']})";
echo "Ricerca colori (RGB): Cercato ($rgb[0], $rgb[1], $rgb[2], $rgb[3]) - Trovato: $risultato.<br>";
}

imagedestroy($Immagine); // libera memoria
?>
```

imagecolorclosestalpha(),restituisce indice RGB simile al richiesto

imagecolorclosestalpha (resource $image , int $red , int $green , int $blue , int $alpha)

Parametri

- $image: Una risorsa immagine restituita da una funzioni di creazione immagine.
- $red: Valore della componente rossa.
- $green: Valore della componente verde.
- $blue: Valore della componente blu.
- alpha: Valore compreso tra 0 e 127.
  0 indica completamente opaco, 127 completamente trasparente.

In esadecimale tra 0x00 e 0xFF.

Immagine caricata in memoria

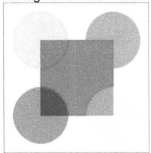

es_62e_imagecolorclosestalpha

```php
<?php
$Immagine = imagecreatefrompng('trasparenzaALPHA.png'); // Carica l'immagine

imagetruecolortopalette($Immagine, false, 255);

$ColoriDaCercare = array(// Cerca colori (RGB)
array(254, 145, 154, 50),array(153, 145, 188, 127),array(153, 90, 145, 0),array(255, 137, 92, 84)
);

// Loop per cercare il colore più vicino nella tavolozza.
//Restituisce il numero RGB di ricerca e il risultato convertito in RGB

foreach($ColoriDaCercare as $id => $rgb)
        {
$Risultato = imagecolorclosestalpha($Immagine, $rgb[0], $rgb[1], $rgb[2], $rgb[3]);
$Risultato = imagecolorsforindex($Immagine, $Risultato);
$Risultato = "({$Risultato['red']}, {$Risultato['green']}, {$Risultato['blue']}, {$Risultato['alpha']})";
echo "#$id: Ricerca: ($rgb[0], $rgb[1], $rgb[2], $rgb[3]); - Risultato: $Risultato.<br>";
}
imagedestroy($Immagine); // libera memoria
?>
```

imagetruecolortopalette(),converte immagine truecolor a tavolozza

Questa funzione fu scritta per il codice della libreria Independent JPEG Group.
Nel tempo, il codice è stato modificato per preservare, nella palette risultante, i colori e il maggiore numero d'informazioni possibile del canale alfa. I risultati non sono sempre di buona qualità.

imagetruecolortopalette (resource $image , bool $dither , int $ncolors)

Parametri

- $image: Una risorsa immagine restituita da una funzione di creazione immagine.
- $dither: Indica se l'immagine deve essere retinata.
- Se TRUE verrà utilizzato il dithering e l' immagine avrà una migliore approssimazione del colore.
- $ncolors: Imposta la quantità massima dei colori che devono essere conservati nella tavolozza.

es_62f_imagetruecolortopalette

```php
<?php
$Immagine = imagecreatefromjpeg('es_62f_imagetruecolortopalette.jpg'); // carica l'immagine
imagetruecolortopalette($Immagine, true, 255); // Converti con dithering e 255 colori

header('Content-Type: image/jpeg');
imagepng($Immagine); // al brower
imagepng($Immagine, 'es_62f_imagetruecolortopalette.png'); // salva immagine
imagedestroy($Immagine);
?>Risultato:
```

Immagine originale   Risultato conversione

imagegammacorrect(),applica correzione gamma ad un'immagine

La correzione di gamma è usata per codificare i valori RGB in un segnale video nei valori discreti del video digitale. (l'espansione gamma è il processo inverso).
La codifica gamma aiuta a mantenere, dal punto di vista percettivo, i dati (digitali, ma anche analogici) il più possibile in un ambito uniforme, di fatto ne regola la loro luminosità.

imagegammacorrect (resource $image , float $inputgamma , float $outputgamma)

Parametri

- $image: Una risorsa immagine restituita da una delle funzioni di creazione immagine.
- $inputgamma: gamma di ingresso .
- $outputgamma: gamma di uscita.

es_63_imagegammacorrect

```php
<?php
header("Content-type: image/png");
$Immagine = imagecreatefrompng("cane.png");// carica immagine per il test
```

```
// test 1
imagegammacorrect($Immagine, 1.0, 5.0);
imagepng($Immagine, "es_63_imagegammacorrect_1.0, 5.0.png");

// test 2
imagegammacorrect($Immagine, 30.0, 5.0);
imagepng($Immagine, "es_63_imagegammacorrect_30.0, 5.0.png");

// test 3
imagegammacorrect($Immagine, 20.0, 50.0);
imagepng($Immagine, "es_63_imagegammacorrect_20.0, 50.0.png");

imagedestroy($Immagine); // libera memoria
?>Risultati:
```

Immagine per test   correzione 1.0, 5.0   correzione 30.0, 5.0   correzione 20.0, 50.0

Immagini, rotazione e ribaltamento

Con GD library è possibile ruotare e ribaltare immagini anche preservandone la trasparenza.

imagerotate(),ruota immagine, in senso antiorario, di angolo dato

L'angolo di rotazione deve essere un valore numerico espresso in gradi angolari.
Il centro di rotazione è il centro dell'immagine.
L'immagine ruotata può avere dimensioni diverse rispetto all'immagine originale.

imagerotate (resource $image , float $angle , int $bgd_color [, int $ignore_transparent = 0])

Parametri

* $image: Una risorsa immagine restituita da una funzione di creazione immagine.
* $angle: Angolo di rotazione, in gradi per ruotare l'immagine in senso antiorario.
* $bgd_color: Specifica il colore della zona scoperta dopo la rotazione
* $ignore_transparent: Se uguale zero i colori trasparenti sono ignorati (altrimenti conservati).

L'esempio che segue carica un'immagine JPG e la ruota.

es_64_imagerotate_opaca_salva_trasparente

```php
<?php
$Immagine = imagecreatefromjpeg('RV_fondoOpaco.jpg');
imagealphablending($Immagine, false); // disabilita imagealphablending()
imagesavealpha($Immagine, true); // abilita per salvataggio con canale alfa

$AngoloRot = 45; // Angolo di rotazione in senso antiorario

// ruota immagine con trasparenza per PNG che la supporta, per il JPG lo spazio aggiuntivo sarà Rosso
$ImmaRuotata=imagerotate($Immagine,$AngoloRot,imagecolorallocatealpha($Immagine,255,0,0,127));

imagejpeg($ImmaRuotata, "es_64_imagerotate.jpg"); // salva immagine
imagepng($ImmaRuotata, "es_64_imagerotate.png"); // salva immagine
```

```
imagepng($ImmaRuotata); // al browser
imagedestroy($Immagine);imagedestroy($ImmaRuotata); // libera memoria
?>Risultati:
```

immagine opaca
per test ruotazione   immagine jpg opaca Rosso aggiunto   immagine png trasparenza aggiunta

Il prossimo esempio ruota un'immagine con fondo trasparente e la salva PNG conservandone la trasparenza esistente.
La trasparenza è applicata anche allo spazio aggiuntivo dovuto alla rotazione.
Poi La ruota di nuovo rendendo semitrasparente lo spazio aggiuntivo.

es_65_imagerotate_PNG con trasparenza e semitrasparenza

```php
<?php
$Immagine = imagecreatefrompng('RV_fondoTrasparente.png');
imagealphablending($Immagine, false); // disabilita imagealphablending()
imagesavealpha($Immagine, true); //abilita per salvataggio con canale alfa

$AngoloRot = 45; // Angolo di rotazione in senso antiorario

// ruota con trasparenza
$ImmaRuotata=imagerotate($Immagine,$AngoloRot,imagecolorallocatealpha($Immagine,255,0,0,127));
imagepng($ImmaRuotata, "es_65_imagerotate_1.png"); // salva immagine

// ruota con semitrasparenza del rosso
$ImmaRuotata = imagerotate($Immagine, $AngoloRot, imagecolorallocatealpha($Immagine, 255, 0, 0, 50));

imagepng($ImmaRuotata); // al browser
imagepng($ImmaRuotata, "es_65_imagerotate_2.png"); // salva immagine
imagedestroy($Immagine);imagedestroy($ImmaRuotata); // libera memoria
?>Risultati:
```

Immagine per
test ruotazione   Preservato trasparenza   Aggiunto rosso semitrasparente

imageflip(), ribalta l'immagine

Restituisce l'immagine ribaltata secondo il metodo impartito.
Questa funzione è disponibile soltanto se il PHP è compilato con la versione in bundle della libreria GD.
Da un buon risultato con immagini opache e con trasparenza GIF e PNG8 a 256 colori.
Non funziona bene con immagini a trasparenza Alpha.

imageflip (resource $image , int $mode)

Paramatri

* $image: una risorsa immagine restituita da una funzione di creazione immagine.

- $mode: Modalità di inversione; può essere una costante IMG_FLIP_ *.
  - IMG_FLIP_HORIZONTAL Ribalta l'immagine orizzontalmente.
  - IMG_FLIP_VERTICAL   Ribalta l'immagine verticalmente.
  - IMG_FLIP_BOTH   Ribalta l'immagine sia orizzontalmente che verticalmente.

Ad esempio, IMG_FLIP_HORIZONTAL esegue ribaltamento orizzontale dell'immagine.

Per usare uno degli ametodi di ribaltamento, è sufficiente sostituire la costante IMG_FLIP_HORIZONTAL con una delle altre.
L'esempio segunete mostra i limiti della funzione con Alfpa, superabile con imagecopyresampled() al posto di imageflip(). Vedere il capitolo Ribaltare immagini con imagecopyresampled()

es_66_ribaltare immagini_con_flip

```php
<?php
$Immagine = imagecreatefromjpeg('RV_Opaca_truecolor.jpg'); // immagine jpg true color

imageflip($Immagine, IMG_FLIP_HORIZONTAL);
imagejpeg($Immagine,"es_66_RV_Opaca_truecolor_InvertitoOrizzontale.jpg");// salva

// immagine png tavolozza 256 colori con trasparenza
$Immagine = imagecreatefrompng('I_RV_png8.png');
imageflip($Immagine, IMG_FLIP_HORIZONTAL);
imagepng($Immagine," es_66_I_RV_png8.png_InvertitoOrizzontale.png");// salva

// immagine png truecolor 16.77.216 con trasparenza Alpha
$Immagine = imagecreatefrompng('I_RV_png24.png');
imageflip($Immagine, IMG_FLIP_HORIZONTAL);
imagepng($Immagine," es_66_I_RV_png24.png_InvertitoOrizzontale.png");// salva

// immagine png truecolor 16.77.216 SENZA trasparenza
$Immagine = imagecreatefrompng('I_RV_png24_No_trasparenza.png');
imageflip($Immagine, IMG_FLIP_HORIZONTAL);
imagepng($Immagine," es_66_I_RV_png24_No_trasparenza_InvertitoOrizzontale.png");// salva

imagepng($Immagine); // al browser
imagedestroy($Immagine);// libera memoria
?>
```
Risultati:

Opaca jpg truecolor   png tavolozza 256 colori con trasparenza   png truecolor 16.77.216 con trasparenza Alpha   png truecolor 16.77.216 SENZA trasparenza

Ribaltare immagini con imagecopyresampled()

La funzione imageflip() ha limitazioni con le immagini che usano il canale Alpha.
Questa limitazione può essere superata usando la funzione imagecopyresampled() che permette di leggere copiando l'immagine sorgente con valori negativi, e perciò invertendone i contenuti.
L'esempio seguente esegue il ribaltamento di immagini trecolor con imagecopyresampled().
Il lavoro viene svolto all'interno della funzione RibaltamentoImmagine() che riceve la variabile $metodocon nella quale è specificato il metodo di ribaltamento.

La variabile $metodo può contenere 'o' , 'v', 'e', per orizzontale, verticale, entrambi.

Invocata la funzione viene caricata Imma_png24_traspar_Alpha.png e ribaltata in base al contenuto della variabile $metodo . La funzione viene chiamata tre volte con ciascuno dei tre contenuti possibili della variabile $metodo. Le immagini ribaltate sono salvate su disco e l'ultima messa a video.

es_67_Ribaltare_con_imagecopyresampled

```php
<?php
function RibaltamentoImmagine($metodo){
$Imma_sorg = imagecreatefrompng('Imma_png24_traspar_Alpha.png'); // recupera ammagine da ribaltare

// recupera dimensioni immagine sorgente che saranno uguali all'immagine di destinazione
$Larg_sorg = imagesx ($Imma_sorg); $Alt_sorg = imagesy ($Imma_sorg);

// larghezza sorgente è uguale a quella della destinazione
$Larg_dest = $Larg_sorg; $Alt_dest = $Alt_sorg;

// crea immagine di destinazione
$Imma_Dest = imagecreatetruecolor ( $Larg_dest, $Alt_dest );

// setta l'immagine per il salvataggio con trasparenza
imagecolortransparent($Imma_Dest,imagecolorallocatealpha($Imma_Dest,0,0,0,127));
imagealphablending($Imma_Dest,false);
imagesavealpha($Imma_Dest,true);

$X_sorg = 0; $Y_sorg = 0; // setta i dati per il tipo di ribaltamento

switch($metodo){
case 'o': $X_sorg = $Larg_dest -1; $Larg_sorg = -$Larg_dest;break; // orizontale
case 'v': $Y_sorg = $Alt_dest -1; $Alt_sorg = -$Alt_dest;break; //verticale
case 'e':$X_sorg = $Larg_dest -1; $Larg_sorg = -$Larg_dest;
$Y_sorg = $Alt_dest -1; $Alt_sorg = -$Alt_dest;
break; //entrambi

}

imagecopyresampled($Imma_Dest,$Imma_sorg, // esegue la funzione di ribaltamento
                    0,0, // x,y
                    $X_sorg,$Y_sorg,
                    $Larg_dest,$Alt_dest,
                    $Larg_sorg,$Alt_sorg
                    );

imagepng($Imma_Dest,"es_67_Ribaltare_con_imagecopyresampled_trasparenzaAlpha_".$metodo.".png");
imagepng($Imma_Dest); // al browser
imagedestroy($Imma_sorg);imagedestroy($Imma_Dest); // libera memoria
};

$metodo = "o"; RibaltamentoImmagine($metodo); // ribalta orizzontale
$metodo = "v"; RibaltamentoImmagine($metodo); // ribalta verticale
$metodo = "e"; RibaltamentoImmagine($metodo); // ribalta orizzontale e verticale
?>
```
Risultato:

| Immagine d'origine | Ribaltata Orizzontale | Ribaltata Vericale | Ribaltata Or+Vert |

Disegnare con il testo

La libreria grafica GD mette a disposizioni due metodi per usare il teso nelle immagini, dei caratteri di corredo della libreria oppure caricare uno o più set di caratteri TTF in modo da poter essere utilizzati.
Tale formato ha la peculiarità di migliorare la qualità delle linee curve che compongono i caratteri cercando di visualizzarli sullo schermo mascherando l'effetto frastagliato.
Non è mai possibile scrivere testo su 2 o più righe usando la stessa istruzione.
A parte questo, la differenza fra i due metodi e set di caratteri è abbastanza significativa:

- Set di caratteri a corredo
  - Possono essere di 5 dimensioni
  - Possono essere scritti in orizzontale o verticale
  - Possono essere di qualsiasi colore, MIME dei caratteri consentita
- Set di caratteri TTF caricati
  - Possono essere di dimensioni e scelta
  - Possono essere scritti in obliquo di quanti gradi lo si desidera
  - Possono essere di qualsiasi colore, MIME dei caratteri consentita

imagestring(), disegna una stringa in orizzontale.

imagestring (resource $image , int $font , int $x , int $y , string $string , int $color)

Parametri

- $image: Una risorsa immagine restituita da una funzione di creazione immagine.
- $font: Tipo carattere da utilizzare.
  Può assumere uno dei valori 1, 2, 3, 4, 5, numeri più alti identificano caratteri più grandi.
  Possono essere usati propri identificatori di font registrati imageloadfont().
- $x: coordinata x come origine della stringa.
- $y: coordinata y come origine della stringa.
- $string: Testo fra virgolette o stringa contenente testo.
- $color: Un identificatore di colore creato con imagecolorallocate().

es_68_imagestring

```php
<?php
$Immagine = imagecreate(120, 40); // Crea immagine 120 x 40 pixel
$Verde = imagecolorallocate($Immagine, 0, 255, 0); // alloca il verde colorando lo sfondo dell'immagine
$ColoreTesto = imagecolorallocate($Immagine, 255, 0, 0); // Colore rosso per il testo
$DimensioneTesto = 4;
$X= 16; $Y = 10; // coordinate inizio scrittura
$StringaTesto = "Ciao mondo!";

// Scrive la stringa da sinistra verso destra con inizio alle coordiante x,y.
imagestring($Immagine, $DimensioneTesto, $X, $Y, $StringaTesto , $ColoreTesto);

header('Content-type: image/png');
imagepng($Immagine); // al browser
imagepng($Immagine, "es_68_imagestring.png"); // salva immagine
imagedestroy($Immagine); // libera memoria
?> Risultato:
```

Ciao mondo!

imagestringup(), disegna una stringa verticalmente

Il disegno è dal basso verso l'alto della dimensione e alle coordinate date.

imagestringup (resource $image , int $font , int $x , int $y , string $string , int $color)

Parametri

- $image: Una risorsa immagine restituita da una funzione di creazione immagine.
- font: Tipo carattere da utilizzare.

Può assumere uno dei valori 1, 2, 3, 4, 5, numeri più alti identificano caratteri più grandi.

- $x: coordinata x come origine della stringa.
- $y: coordinata y come origine della stringa.
- $stringa: Testo fra virgolette o stringa contenente testo.
- $color: Un identificatore di colore creato con imagecolorallocate().

es_69_imagestringup

```php
<?php
$Immagine = imagecreate(40,120); // Crea immagine a 40 x 120 pixel

// alloca il verde colorando lo sfondo dell'immagine
$Verde = imagecolorallocate($Immagine, 0, 255, 0);
$ColoreTesto = imagecolorallocate($Immagine, 255, 0, 0); // Colore rosso per il testo
$DimensioneTesto = 4;
$X= 10; $Y = 100; // cordinate inizio scrittura
$StringaTesto = "Ciao mondo!";

// Scrive la stringa dal basso verso l'alto
imagestringup($Immagine, $DimensioneTesto, $X, $Y, $StringaTesto , $ColoreTesto);

header('Content-type: image/png');
imagepng($Immagine); // al browser
imagepng($Immagine, "es_69_imagestringup.png"); // salva immagine
imagedestroy($Immagine); // libera memoria
?>Risultato:
```

imagefontheight(),restituire altezza in pixel di font GD specificato

Se ci sono vincoli per la dimensione della stringa da utilizzare nell'immagine, utilizzare questa funzione per controllare l'altezza del carattere GD più adatto (non è per font TTF).

imagefontheight (int $font)

Parametri

- $font: Può essere 1,2,3,4,5 per i font incorporati, numeri più alti indicano caratteri più grandi.

es_70_imagefontheight

```php
<?php
$immagine = imagecreate(220, 110); // crea immagine
$giallo = imagecolorallocate($immagine, 255, 255, 0);// colore sfondo
$rosso = imagecolorallocate($immagine, 0, 0, 255); // colore testo

for ($NumeroFont=1; $NumeroFont<=5; $NumeroFont++) // a video l'altezza dei font
{
imagestring($immagine, $NumeroFont, 20, $NumeroFont * 15, "Font: $NumeroFont", $rosso);
$altezza = imagefontheight($NumeroFont);
imagestring($immagine, $NumeroFont, 90, $NumeroFont * 15, "Altezza: $altezza", $rosso);
}

header("Content-type: image/png");
imagepng($immagine); // al browser
imagepng($immagine,"es_70_imagestring.png" ); // salva
imagedestroy($immagine); // libera memoria
?> Risultato:
```

```
Font: 1     Altezza: 8
Font: 2     Altezza: 13
Font: 3     Altezza: 13
Font: 4     Altezza: 16
Font: 5 Altezza: 15
```

Il risultato può essere diverso in ragione della macchina e del sistema operativo in uso.

imagefontwidth(),restituisce la larghezza in pixel di un font GD

Se ci sono vincoli per la dimensione della stringa da utilizzare nell'immagine, utilizzare questa funzione per controllare la larghezza del carattere GD più adatto. (non è per font TTF).

imagefontwidth(int $font)

Parametri

- $font: Può essere 1, 2, 3, 4, 5, a numeri più alti corrispondono a caratteri più grandi.

es_71_imagefontwidth

```php
<?php
$immagine = imagecreate(220, 110); // crea immagine
$giallo = imagecolorallocate($immagine, 255, 255, 0); // colore sfondo
$rosso = imagecolorallocate($immagine, 0, 0, 255); // colore testo
for ($NumeroFont=1; $NumeroFont<=5; $NumeroFont++) // restituisce la larghezza in pixel
{
imagestring($immagine, $NumeroFont, 20, $NumeroFont * 15, "Font: $NumeroFont", $rosso);
$larghezza = imagefontwidth($NumeroFont);
imagestring($immagine, $NumeroFont, 90, $NumeroFont * 15, "Larghezza: $larghezza", $rosso);
}

header("Content-type: image/png");
imagepng($immagine); // al browser
imagepng($immagine,"es_71_imagefontwidth.png" ); // salva
imagedestroy($immagine);
?> Risultato:
```

```
Font: 1     Larghezza: 5
Font: 2     Larghezza: 6
Font: 3     Larghezza: 7
Font: 4     Larghezza: 8
Font: 5     Larghezza: 9
```

Il risultato può essere diverso in ragione della macchina e del sistema operativo in uso.

Conoscere e impostare la dimensione dei caratteri permette di creare stringhe di indirizzi e-mail.
Di queste stringhe ne è misurata la dimensione/caratteri e create immagini delle dimensioni esatte per contenervi il testo.
IL metodo può essere usato come difesa dalla cattura di indirizzi che poi vengono bersagliati dallo spam.

es_72_testo perfettamente inscritto in immagine

```php
<?php
$string = "nome@dominio.it";// stringa con indirizzo e-mail
$font = 5; // dimensione del font di corredo GD
$FontLargo = imagefontwidth($font) * strlen($string);
$FontAlto = imagefontheight($font);
$Immagine = imagecreate($FontLargo,$FontAlto); // crea l'immagine delle dimensioni del testo

$Bianco = imagecolorallocate ($Immagine, 255, 255, 255); // colore sfondo
$Nero = imagecolorallocate ($Immagine, 0, 0, 0); // colore testo
imagestring ($Immagine, $font, 0, 0, $string, $Nero); // disegna la stringa

header("Content-type: image/jpg");
imagejpeg ($Immagine,"es_79_bis_testo_per_immagine.jpg");
imagejpeg ($Immagine);// al browser
imagedestroy($Immagine);// salva
?>Risultato:
```
nome@dominio.it

imagettftext(), imagefttext() disegnare con font TrueType 1 e 2

L'unica differenza fra le due funzioni è il tipo di font da utilizzare.

Queste funzioni disegnano sull'immagine una stringa nel font TrueType specificato.
Tecnicamente si tratta di un'evoluzione e miglioramento della funzione imagestring().
Può essere utilizzato qualsiasi carattere TrueType la cui posizione, anteponendo eventuale percorso su disco per raggiungerla, va dichiarata nel codice.
Come tutti i caratteri TrueType, la dimensione può essere ampiamente variegata.
Il testo può essere ruotato di una qualsiasi angolazione il cui il fulcro è la coordinata x,y dell'angolo in basso a sinistra del primo carattere della stringa.
La rotazione dei 360 gradi avviene in senso antiorario, al grado zero il testo è in orizzontale.
La funzione restituisce un array di otto elementi costituito dalle coordinate x,y del rettangolo di selezione (Il rettangolo che racchiude il testo reso).
Le coordinate sono indipendenti dall'angolo di rotazione del testo.
Così, se l'immagine viene ruotata, le coordinate sono prese come l'angolo superiore sinistro della cornice attorno all'ipotetica figura quadrangolare pertinente al testo, non l'angolo superiore sinistro della stringa ruotato.
La matrice restituita da questa funzione contiene le coordinate di delimitazione del testo.
Per informazione più dettagliate con esempi, vedere imagettfbbox ().

array imagettftext(resource $image,float $size, float $angle, int $x, int $y, int $color, string $fontfile, string $text)

Parametri

- $image: Una risorsa immagine restituita una funzione creazione immagine.

- $size: Dimensione del carattere, specificato in pixel (GD1) o in punti (GD2)
- $angle: Rotazione della stringa in gradi (fra 0 e 359 compresi) eseguita in senso antiorario. Accetta anche valori negativi, in questo caso la rotazione è in senso orario.
- $x: Coordinata x del punto base del primo carattere (angolo in basso a sinistra del carattere).
- $y: Coordinata y del punto base del primo carattere (angolo in basso a sinistra del carattere).
- $color: Colore nel quale verranno stampati i caratteri.
- $fontfile: Percorso e nome del file contenente il tipo di carattere TrueType da utilizzare.
- $text: Stringa di testo che verrà stampata (testare codifica UTF-8 per lingua italiana).

Se un carattere del set usato non è supportato, un rettangolo vuoto sostituirà il carattere.
In genere accata quando in set non dispone di quel carattere es: vocali accentate u con dieresi ecc.
Nell'esempio seguente viene disegnata una stringa di caratteri in rosso su fondo blu.
Il carattere usato è arial.ttf che si trova nella sotto cartella font la stringa è inclinata di 27 gradi.

es_73_imagettftext

```php
<?php
$Immagine = imagecreate(380, 200); // crea immagine
imagecolorallocate($Immagine, 0, 0, 255);// primo colore dichiarato fondo immagine in blu

// parametri della funzione imagettftext()
$FontDim = 25; // dimensione font
$Angolo = 27; // angolo di rotazione della stringa di testo
$xStart = 10; $yStart= 190; // punto di avvio della scrittura del teso
$Rosso = imagecolorallocate($Immagine, 255, 0, 0); // colore da usare per il testo
$FontNome = "font/arial.ttf"; // posizione e nome del font
$Testo = "esempio di testo disegnato";

// disegna la stringa
        imagettftext($Immagine,
                $FontDim, $Angolo,
                $xStart, $yStart,
                $Rosso, $FontNome, $Testo
                );

header("Content-type: image/png");
imagepng($Immagine); // al browser
imagepng($Immagine,"es_73_imagettftext.png"); // salva
imagedestroy($Immagine);// libera memoria
?>Risultato:
```

Il seguente esempio disegna una stringa orizzontale con ombreggiatura, il carattere usato è arial.ttf che si trova nella sotto cartella font.

es_74_imagettftext_testo_ombreggiato

```php
<?php
$Immagine = imagecreatetruecolor(320, 160); // Crea immagine
```

```php
$Verde = imagecolorallocate($Immagine, 0, 255, 0); // Alloca il colore verde
imagefilledrectangle($Immagine, 0, 0, 320, 160, $Verde); // rettangolo verde sullo sfondo

// parametri della funzione imagettftext()
$FontDim = 18; // dimensione del font
$Angolo = 22; // angolo di rotazione della stringa di testo
$xStart = 15; $yStart= 150; // punto di avvio della scrittura del testo
$Grigio = imagecolorallocate($Immagine, 128, 128, 128);// colore per ombra
$Nero = imagecolorallocate($Immagine, 0, 0, 0);// colore per testo in primo piano
$Font = "font/arial.ttf";
$Testo = "esempio di testo ombreggiato";

// disegna stringa in grigio sfalzata di 2 pixer per l'effetto ombra
imagettftext($Immagine, $FontDim, $Angolo, $xStart +2, $yStart + 2, $Grigio, $Font, $Testo);

// disegna stringa in nero parzialment esovrapposta all'ombra
imagettftext($Immagine, $FontDim, $Angolo, $xStart, $yStart, $Nero, $Font, $Testo);

header('Content-Type: image/png');
imagepng($Immagine); // per il browser
imagepng($Immagine, "es_74_imagettftext_testo_ombreggiato.png"); // salva
imagedestroy($Immagine); // libera memoria
?>
```
Risultato:

Per evidenziare la versatilità dei caratteri TTF con GD library, nel prossimo script viene caricata un'immagine di colore uniforme e resa trasparente, su questa disegnato del testo multicolore con varie inclinature.
La parola arcobaleno viene scritta più volte, in vari colori e inclinazioni, seguita dai gradi d'inclinazione per i quali è tracciata. Il carattere usato è arial.ttf che si trova nella sotto cartella font. Tradizionalmente i colori dell'arcobaleno sono 7, i computer non li mostrano con precisione, ma solo approssimati.

es_75_imagettftext_arcobaleno

```php
<?php
$Immagine = imagecreatefrompng("es_75_ImmagineSorgente.png");// carica l'immagine
$Larghezza = imagesx($Immagine); $Altezza = imagesy($Immagine); // dimensioni dell'immagine
$ColoreTrasparenza = imagecolorat($Immagine, 0, 0); // legge punto x,y dell'immagine
imagecolortransparent($Immagine, $ColoreTrasparenza); // rende trasparente il colore letto nel punto x,y

$FontNome = "font/arial.ttf"; // posizione e nome nome font
$FontDim = 30; // dimensione font
$Colore[0] = imagecolorallocate($Immagine, 255,0,0); // Rosso
$Colore[1] = imagecolorallocate($Immagine, 255,127,0); // Arancio
$Colore[2] = imagecolorallocate($Immagine, 255,255,0); // Giallo
$Colore[3] = imagecolorallocate($Immagine, 0,255,0); // Verde
$Colore[4] = imagecolorallocate($Immagine, 0,0,255); // Blu
$Colore[5] = imagecolorallocate($Immagine, 75,0,130); // Indaco
$Colore[6] = imagecolorallocate($Immagine, 139,0,255); // Viola

$x=0; $C=0; $count = 18; // valori di default per calcolo gradi

while($x<$count){
        $x=$x+1; $Testo=" arcobaleno ".(20*$x)."°"; // crea la stringa da disegnare

// disegna la stringa
imagettftext($Immagine, $FontDim, 20*$x, $Larghezza/2,$Altezza/2, $Colore[$C], $FontNome, $Testo);
```

```
$C++; if($C>6){$C =0;} // colore con il quale verrà scritta la prossima stringa
}
header("Content-type: image/png");
imagepng($Immagine,"es_75_imagettftext_arcobaleno.png"); // salva
imagepng($Immagine); // al browser
imagedestroy($Immagine); // libera memoria

?>
```
Risultato:

Immagine sorgente   Risultato

I prossimi due esempi "es_76_imagettftext_font_effetti_speciali" e "es_77_imagettftext_font_effetti_speciali" mostrano alcune delle moltissime possibilità grafiche che GD mette a disposizione per fon e colori .

es_76_imagettftext_font_effetti_speciali

```php
<?php
$Immagine=imagecreate(400,400); // crea immagine

// alloca colori
$Bianco=imagecolorallocate($Immagine, 255,255,255);// colore di fondo immagine
$Nero=imagecolorallocate($Immagine, 0,0,0);
$Grigio=imagecolorallocate($Immagine, 190,190,190);
$Rosso=imagecolorallocate($Immagine, 255,0,0);

// font, dimensioni e angolazione
$FontNome='font/Rough Brush Script.ttf'; $FontDim = 50; $Angolo = 0;

$Testo = "Christian e Sandra";
imagettftext($Immagine,$FontDim,$Angolo,3,51,$Grigio,$FontNome, $Testo);
imagettftext($Immagine,$FontDim,$Angolo,5,53,$Nero,$FontNome, $Testo);
imagettftext($Immagine,$FontDim,$Angolo,4,52,$Bianco,$FontNome, $Testo);

$Testo = "Daniel e Rebecca";
imagettftext($Immagine,$FontDim,$Angolo,3,111,$Grigio,$FontNome, $Testo);
imagettftext($Immagine,$FontDim,$Angolo,5,113,$Nero,$FontNome, $Testo);

$Testo = "Angelina e Brad";
imagettftext($Immagine,$FontDim,$Angolo,3,171,$Grigio,$FontNome, $Testo);
imagettftext($Immagine,$FontDim,$Angolo,4,172,$Bianco,$FontNome, $Testo);

$Testo = "Dennis e Kimberly";
imagettftext($Immagine,$FontDim,$Angolo,5,233,$Nero,$FontNome, $Testo);
imagettftext($Immagine,$FontDim,$Angolo,4,232,$Rosso,$FontNome, $Testo);

$Testo = "Emma e Andrew";
imagettftext($Immagine,$FontDim,$Angolo,4,292,$Rosso,$FontNome, $Testo);
imagettftext($Immagine,$FontDim,$Angolo,5,293,$Nero,$FontNome, $Testo);

// font e testo da usare
$FontNome='font/DSSnowfall.ttf'; $Testo = "Sci invernale";
imagettftext($Immagine,$FontDim,$Angolo,4,392,$Grigio,$FontNome, $Testo);
imagettftext($Immagine,$FontDim,$Angolo,5,393,$Nero,$FontNome, $Testo);
```

```php
header("Content-type: image/jpg");
imagejpeg($Immagine, "es_76_imagettftext_font_effetti_speciali.jpeg");// salva immagine
imagejpeg($Immagine);// al browser
imagedestroy($Immagine);// libera memoria
?>
```
Risultato:

es_77_imagettftext_font_effetti_speciali

```php
<?php
$Immagine = imagecreatetruecolor(300,400);
$Bianco = imagecolorallocate($Immagine,255,255,255);
$x = 0; $Y = 0; $Passaggi = 20; $FontNome = "font/Rough Brush Script.ttf"; $Testo='Amanda';
    for($x=1; $x < $Passaggi; $x++)
        {
        $Y = 0;
        $Colore=imagecolorallocate($Immagine, 12*$x, 0, 255-($x*5));
        imagettftext($Immagine, 70, 0, $x, 50+$x, $Colore, $FontNome, $Testo); // effetto sfumato
        imagettftext($Immagine, 70, 0, 20, 50+20, $Bianco, $FontNome, $Testo); // testo finale

$Y = 100; // nuova linea
$Colore=imagecolorallocate($Immagine, 0, 12*$x, 255-($x*5));
imagettftext($Immagine, 70, 0, $x, 50+$x+$Y, $Colore, $FontNome, $Testo); // effetto sfumato
imagettftext($Immagine, 70, 0, 20, 50+20+$Y, $Bianco, $FontNome, $Testo); // testo finale

$Y = 200; // nuova linea
$Colore=imagecolorallocate($Immagine, 12*$x, 255-($x*5),0);
imagettftext($Immagine, 70, 0, $x, 50+$x+$Y, $Colore, $FontNome, $Testo); // effetto sfumato
imagettftext($Immagine, 70, 0, 20, 50+20+$Y, $Bianco, $FontNome, $Testo); // testo finale

$Y = 300; // nuova linea
$Colore=imagecolorallocate($Immagine, 12*$x, 255-($x*5),255-($x*7) );
imagetttext($Immagine, 70, 0, $x, 50+$x+$Y, $Colore, $FontNome, $Testo); // effetto sfumato
imagettftext($Immagine, 70, 0, 20, 50+20+$Y, $Bianco, $FontNome, $Testo); // testo finale
}
header("Content-type: image/jpeg");
imagejpeg($Immagine); // al browser
imagejpeg($Immagine, "es_77_imagettftext_font_effetti_speciali.jpg"); // salva
imagedestroy($Immagine); // libera meoria
?>
```
Risultato:

imagettfbbox(), legge le coordinate che delimitano un testo.

Calcola e restituisce, in pixel o punti, il rettangolo di selezione di un testo disegnato con la funzione imagettftext()
L'array restituito è di otto elementi, per le coordinate x,y del rettangolo che racchiude il testo.
Gli elementi della matrice sono disposti come mostrato nella tabella seguente.

0: in basso a sinistra, posizione x   1: in basso a sinistra, posizione y
2: in basso a destra, posizione x   3: in basso a destra, posizione y
4: in alto a destra, posizione x   5: alto a destra, posizione y
6: in alto a sinistra, posizione x   7: in alto a sinistra, posizione y

array imagettfbbox (float $size , float $angle , string $fontfile , string $text)

Parametri

- $size: Dimensione del carattere.

In GD 1, questa viene misurata in pixel. In GD 2, questa viene misurata in punti.

- angle: Angolo di rotazione del testo espresso in gradi.
- $fontfile: nome del file di font TrueType (compresa eventuale URL).
- $text: Stringa della quale verranno rese le coordinate delimitanti.

Questa funzione è adatta quando occorre creare un'immagine che contenga perfettamente il testo nelle sue dimensioni, ad es. quando si desidera utilizzare font con dimensioni ed obliquità non standard.
Il carattere usato è arial.ttf che si trova nella sotto cartella font.
Free Software Foundation https://fsfe.org/index.it.html ha una serie di font gratuiti scaricabili dal loro sito
Modificare la frase "esempio di immagine creata per questo testo" e lanciare lo script, le dimensioni dell'immagine si adegueranno per contenerlo perfettamente.

es_78_imagettfbbox crea immagine per testo obliquo

http://www.taccetti.net/web/phpgd2/index.php?id=104

```php
<?php
// parametri della stringa
$FontDim = 25; // Dimensione font
$Angolo = 45;
```

```
$FontNome = 'font/arial.ttf';
$Testo = 'esempio di immagine creata per questo testo';

// Recupera riquadro di selezione
$Vertici = imagettfbbox($FontDim, $Angolo, $FontNome, $Testo);

// Determina larghezza e altezza in valori assoluti
$Imma_larga = abs($Vertici[4] - $Vertici[0]);
$Imma_alta = abs($Vertici[5] - $Vertici[1]);

// Crea immagine con sfondo nero
$Immagine = imagecreatetruecolor($Imma_larga + $FontDim*1.5, $Imma_alta);
$Bianco = imagecolorallocate($Immagine, 255, 255, 255); // colore del testo

// Punto x,y inizio stringa
// occorre tenere presente che in obliquo le dimensioni necessarie aumentano
// in rapporto alle dimensioni ed al tipo di font
$x = $FontDim/2; $y = $Imma_alta;

// scrive la stringa di testo
imagettftext($Immagine, $FontDim, $Angolo, $x, $y, $Bianco, $FontNome, $Testo);


header('Content-type: image/jpeg');
imagejpeg($Immagine,"es_78_imagettfbbox_crea_immagine_per_testo_obliquo.jpg");//salva
imagejpeg($Immagine);// al browser
imagedestroy($Immagine); // libera memoria
?>Risultato:
```

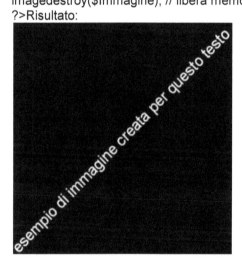

Nel prossimo esempio viene scritta una stringa di testo in obliquo e su di essa, con i dati ricevuti dalla funzione imagettfbbox(), disegnato un rettangolo delimitante la stringa stampata.

Ai vertici del rettangolo sono disegnato i valori x,y dei vertici.

es_79_imagettfbbox_rettengolo_delimitante

http://www.taccetti.net/web/phpgd2/index.php?id=105

```
<?php
$Immagine = imagecreatetruecolor(400, 350); // crea immagine
$Bianco = imagecolorallocate($Immagine, 255, 255, 255); // colori
$Viola = imagecolorallocate($Immagine, 255, 0, 255);

// parametri per la scrittura della stringa
$FontDim = 50;// Dimensione font
$Angolo = 45;// rotazione in gradi
$x = 120; $y = 300; // inizio scrittura del testo
```

```php
$FontNome = 'font/arial.ttf';
$Testo = 'Amanda'; // testo da scrivere

//scrive la stringa di testo
imagettftext($Immagine, $FontDim, $Angolo, $x, $y, $Bianco, $FontNome, $Testo);

// Recupera riquadro di selezione
$Vertici = imagettfbbox($FontDim, $Angolo, $FontNome, $Testo);

// vertici del rettangolo delimitante il testo
        for($i=0; $i<7; $i+=2){
                $Vertici[$i] += $x;
                $Vertici[$i+1] += $y;
                        }

// scrive i valori x,y dei vertici
imagestring($Immagine, 3, $Vertici[0], $Vertici[1], "x=".$Vertici[0].",y=".$Vertici[1], $Bianco);
imagestring($Immagine, 3, $Vertici[2], $Vertici[3], "x=".$Vertici[2].",y=".$Vertici[3], $Bianco);
imagestring($Immagine, 3, $Vertici[4], $Vertici[5]-15, "x=".$Vertici[4].",y=".$Vertici[5], $Bianco);
imagestring($Immagine, 3, $Vertici[6]-65, $Vertici[7]-15, "x=".$Vertici[6].",y=".$Vertici[7], $Bianco);

// Versioni PHP e GD
$Versioni = 'PHP '.phpversion();
imagestring($Immagine, 2, 10, 10, $Versioni, $Bianco);

$gdinfo = gd_info();
$Versioni = 'GD '.$gdinfo['GD Version'];

imagestring($Immagine, 2, 10, 20, $Versioni, $Bianco);

// disegna il poligono
imagepolygon($Immagine, array(
        $Vertici[0], $Vertici[1],    $Vertici[2], $Vertici[3],
        $Vertici[4], $Vertici[5], $Vertici[6], $Vertici[7],
        $Vertici[0], $Vertici[1], $Vertici[6], $Vertici[7]
        ),6,$Viola
        );

header('Content-type: image/jpeg');
imagejpeg($Immagine); // al browser
imagejpeg($Immagine,"es_79_imagettfbbox_rettengolo_delimitante.jpg"); // salva
imagedestroy($Immagine); // libera memoria
?>
```
Risultato:

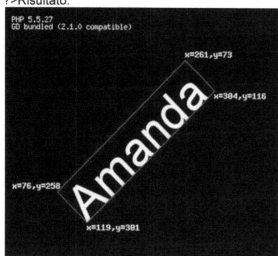

Immagini con effetti speciali

imagefilter(), applica un filtro all'immagine

La funzione imagefilter() fornisce funzionalità che consentono di avere immagini con effetti speciali.

magefilter (resource $image , int $filtertype [, int $arg1 [, int $arg2 [, int $arg3 [, int $arg4]]]])

Parametri

- $image: Una risorsa immagine restituita da una funzione di creazione immagine.
- $filtertype: Uno di filtri disponibili.
  - IMG_FILTER_BRIGHTNESS: Modifica la luminosità dell'immagine.
    - Richiede parametro numerico intensità, positivo aumenta, negativo diminuisce. Range valori -255 : +255.
      Luminosità immagine originale è considerata zero.
  - IMG_FILTER_COLORIZE: Applica un filtro di colore all'immagine.
    Il supporto per il canale Alpha, implementato dalla versione PHP 5.2.5, è facoltativo.
    Richiede quattro parametri:
    - I primi 3 che indicano livelli colore RGB (rosso,verde,blu) fra 0 a 255 compresi.
    - Quarto il canale alpha, (trasparenza) è facoltativo, fra 0 a 127 compresi.
  - IMG_FILTER_CONTRAST: Modifica il contrasto dell'immagine.
    - Richiede parametro numerico intensità.
      Range da -100 a +100 compresi, positivo diminuisce mentre negativo aumenta.
  - IMG_FILTER_EDGEDETECT: Individua ed evidenzia i bordi delle immagini.
    Non richiede parametri.
  - IMG_FILTER_EMBOSS: Crea effetto sbalzo tipo "bassorilievo".
    Non richiede parametri.
  - IMG_FILTER_GAUSSIAN_BLUR: Applica sfocatura gaussiana all'immagine.
    Non richiede parametri.
  - IMG_FILTER_GRAYSCALE: Converte l'immagine in scala di grigi.
    Non richiede parametri.
  - IMG_FILTER_MEAN_REMOVAL: Dà all'immagine un effetto schizzo.
    Non richiede parametri.
  - IMG_FILTER_NEGATE: Crea negativo dell'immagine.
    Non richiede parametri.
  - IMG_FILTER_PIXELATE: Sfoca l'immagine con effetto pixel.
    Richiede PHP 5.3.0 o superiore.
    Richiede 2 parametri
    - Dimensione del blocco in pixel.
    - Selezione della modalità di effetto (true=graduale, false=netta).
      Se utilizzare effetto scalettatura avanzato o meno (default = false).
  - IMG_FILTER_SELECTIVE_BLUR: Applica sfocatura selettiva sulle varie superfici Identificate.
    Non richiede parametri.
  - IMG_FILTER_SMOOTH: Ammorbidisce l'immagine.
    Richiede parametro numerico per l'intensità dell'effetto.

La variazione dei parametri per i filtri che ne fanno uso, l'applicazione dello stesso filtro più volte (specie fra quegli senza parametri) e l'abbinamento di filtri multipli, danno luogo a migliaia di combinazioni.
Solo l'esperienza, il gusto e l'attitudine consiglierà quale sia la combinazione più idonea per ogni determinata occasione.
Di seguito alcuni esempi delle possibilità offerte dai filtri di imagefilter().
Le immagini mostrate sono adattate alle dimensioni dalla pagina ed al bianco e nero di questo testo.
Tutti gli esempi possono essere scaricati. Facendolo, ed eseguendogli essi operano con immagini a colori e dimensioni maggiori e quindi i risultati saranno più valutabili.

Il risultato dell'applicazione del filtro, può produrre immagini le cui dimensioni in altezza e larghezza sono diverse dall'immagine d'origine.

es_80_IMG_FILTER_BRIGHTNESS

Modifica la luminosità dell'immagine.
Richiede parametro numerico intensità, positivo l'aumenta, negativo la diminuisce.
Range valori -255: +255. Luminosità immagine originale è considerata zero.

```php
<?php // es_80_IMG_FILTER_BRIGHTNESS
$Immagine1 = imagecreatefromjpeg('firenze_start.jpg'); // carica l'immagine
$Immagine2 = imagecreatefromjpeg('firenze_start.jpg');

imagefilter($Immagine1, IMG_FILTER_BRIGHTNESS, -30); // applica filtro
imagejpeg($Immagine1, 'es_80_BRIGHTNESS_-30.jpg',100); // salva max qualità

imagefilter($Immagine2, IMG_FILTER_BRIGHTNESS, 30); // applica filtro
imagejpeg($Immagine2, 'es_80_BRIGHTNESS_30.jpg',100); // salva max qualità

imagejpeg($Immagine1, NULL,100); // al browser max qualità
imagedestroy($Immagine1); // libera memoria
imagedestroy($Immagine2);
?>Risultato:
```

origine   IMG_FILTER_BRIGHTNESS 30   IMG_FILTER_BRIGHTNESS -30

es_81_IMG_FILTER_COLORIZE

Per ogni pixel dell'immagine aggiunge o sottrae valori RGB di ciascun canale/colore, rosso, verde, blu.
Valori per ciascun canale/colore: minimo -255, massimo 255, nessun cambiamento = 0.
Il canale Alpha è facoltativo con range di valori fra 0 e 127 compresi. Nell'attribuire i valori è indispensabile seguire l'ordine R,G,B,Alpha altrimenti i risultati saranno imprevedibili .
Con questo filtro è possibile trasformare un'immagine a colori in un'altra con scala dei grigi, ma non va confusa con il filtro IMG_FILTER_GRAYSCALE a questo dedicato.

```php
<?php // es_81_IMG_FILTER_COLORIZE
$Immagine1 = imagecreatefromjpeg('firenze_start.jpg'); // carica l'immagine
$Immagine2 = imagecreatefromjpeg('firenze_start.jpg');

$Immagine1 && imagefilter($Immagine1, IMG_FILTER_COLORIZE, 110, 80, 200); // applica filtro
imagejpeg($Immagine1, 'es_81_COLORIZE_110_80_200.jpg',100); // salva max qualità

// applica filtro + canale alpha
$Immagine2 && imagefilter($Immagine2, IMG_FILTER_COLORIZE, 110, 80, 200, 75);
imagejpeg($Immagine2, 'es_81_COLORIZE_110_80_200_75.jpg',100); // salva max qualità

imagejpeg($Immagine2,NULL,100);// al browser max qualità
imagedestroy($Immagine1);imagedestroy($Immagine2); // libera memoria
```

?>Risultato:

origine   IMG_FILTER_COLORIZE, 110, 80, 200   IMG_FILTER_COLORIZE, 110, 80, 200, 75

es_82_IMG_FILTER_CONTRAST

Modifica il contrasto dell'immagine. Richiede parametro numerico intensità in un range fra -100 e +100 compresi, positivo diminuisce mentre negativo aumenta.

```php
<?php // es_82_IMG_FILTER_CONTRAST
$Immagine1 = imagecreatefrompng('arcobaleno.png'); // carica l'immagine
$Immagine2 = imagecreatefrompng('arcobaleno.png');

/*** rende le immagini con TRASPARENZA ***/
imagesavealpha($Immagine1, true); // imposta il flag per salvare informazioni con canale Alpha
$CanaleAlpha = imagecolorallocatealpha($Immagine1, 255, 255, 0, 127);
imagefill($Immagine1, 0, 0, $CanaleAlpha); // rende l'immagine con trasparenza
imagesavealpha($Immagine2, true); // imposta il flag per salvare informazioni con canale Alpha

$CanaleAlpha = imagecolorallocatealpha($Immagine2, 255, 255, 0, 127);
imagefill($Immagine2, 0, 0, $CanaleAlpha); // rende l'immagine con trasparenza

$Immagine1 && imagefilter($Immagine1, IMG_FILTER_CONTRAST, -40); // applica filtro $Immagine1
imagepng($Immagine1, 'es_82_IMG_FILTER_CONTRAST_-40.png');// salva max qualità

$Immagine2 && imagefilter($Immagine2, IMG_FILTER_CONTRAST, 20); // applica filtro $Immagine2
imagepng($Immagine2, 'es_82_IMG_FILTER_CONTRAST_20.png');// salva max qualità

imagepng($Immagine2);// al browser
imagedestroy($Immagine1);imagedestroy($Immagine2); // libera memoria
?>Risultato:
```

origine   IMG_FILTER_CONTRAST, -40   IMG_FILTER_CONTRAST, 20

es_83_IMG_FILTER_EDGEDETECT

Individua ed evidenzia i bordi delle immagini. Non richiede parametri.

```php
<?php // es_IMG_FILTER_EDGEDETECT
$Immagine1 = imagecreatefromjpeg('cranio.jpg'); // carica immagini
$Immagine2 = imagecreatefrompng('arcobaleno.png');

imagesavealpha($Immagine2, true); // imposta il flag per salvare informazioni con canale Alpha
$CanaleAlpha = imagecolorallocatealpha($Immagine2, 255, 255, 0, 127);
imagefill($Immagine2, 0, 0, $CanaleAlpha); // rende l'immagine con trasparenza

$Immagine1 && imagefilter($Immagine1, IMG_FILTER_EDGEDETECT); // applica filtro cranio.jpg
imagejpeg($Immagine1, 'es_83_IMG_FILTER_EDGEDETECT.jpg'); // salva

$Immagine2 && imagefilter($Immagine2, IMG_FILTER_EDGEDETECT); // applica filtro arcobaleno.png
imagepng($Immagine2, 'es_83_IMG_FILTER_EDGEDETECT.png'); // salva
```

```
imagepng($Immagine2);// al browser
imagedestroy($Immagine1); imagedestroy($Immagine2); // libera memoria
?>Risultato:
```

origine   IMG_FILTER_EDGEDETECT   origine   IMG_FILTER_EDGEDETECT

es_84_IMG_FILTER_EMBOSS

Crea effetto sbalzo tipo "bassorilievo". Non richiede parametri.

```
<?php // es_84_IMG_FILTER_EMBOSS
$Immagine = imagecreatefromjpeg('firenze_start.jpg'); // carica l'immagine
$Immagine && imagefilter($Immagine, IMG_FILTER_EMBOSS); // applica filtro
imagejpeg($Immagine, 'es_84_IMG_FILTER_EMBOSS.jpg'); // salva
```

```
imagejpeg($Immagine,NULL,100);// al browser
imagedestroy($Immagine); // libera memoria
?>Risultato:
```

origine   IMG_FILTER_EMBOSS

es_85_IMG_FILTER_GAUSSIAN_BLUR

Applica sfocatura gaussiana all'immagine. Non richiede parametri.
Si tratta di un tipo di sfumatura selettiva che non agisce su tutti i pixel, ma viene applicata solo se la differenza tra il valore del pixel e di quelli che lo circondano è inferiore ad un dato valore delta stabilito nella funzione.
Questa tecnica viene usata per sfumare uno sfondo in maniera da mantenere il soggetto (eventualmente inserito in un momento successivo) in primo piano nitido.
Con questa tecnica l'immagine viene percepita con effetto di profondità.

```
<?php // es_IMG_FILTER_GAUSSIAN_BLUR_
$Immagine = imagecreatefromjpeg('firenze_start.jpg'); // carica l'immagine
$Immagine && imagefilter($Immagine, IMG_FILTER_GAUSSIAN_BLUR); // applica filtro
imagejpeg($Immagine, 'es_85_IMG_FILTER_GAUSSIAN_BLUR.jpg'); // salva
```

```
imagejpeg($Immagine,NULL,100);// al browser
imagedestroy($Immagine); // libera memoria
?>Risultato:
```

origine   IMG_FILTER_GAUSSIAN_BLUR

es_86_IMG_FILTER_GRAYSCALE

Converte le immagini a colori in immagini con sfumature di grigio.
Non richiede parametri.

```php
<?php // es_86_IMG_FILTER_GRAYSCALE
$Immagine = imagecreatefromjpeg('firenze_start.jpg'); // carica l'immagine
$Immagine && imagefilter($Immagine, IMG_FILTER_GRAYSCALE); // applica filtro

imagejpeg($Immagine,NULL,100); // al browser
imagejpeg($Immagine, 'es_86_IMG_FILTER_GRAYSCALE.jpg', 100); // salva
imagedestroy($Immagine); // libera memoria
?>Risultato:
```

origine   MG_FILTER_GRAYSCALE

es_87_IMG_FILTER_MEAN_REMOVAL

Dà all'immagine un effetto schizzo. Non richiede parametri.

```php
<?php // es_87_IMG_FILTER_MEAN_REMOVAL
$im = imagecreatefromjpeg('firenze_start.jpg'); // carica l'immagine
$im && imagefilter($im, IMG_FILTER_MEAN_REMOVAL); // applica filtro
imagejpeg($im, 'es_87_IMG_FILTER_MEAN_REMOVAL.jpg'); // salva

imagejpeg($im,NULL,100);// al browser
imagedestroy($im); // libera memoria
?>Risultato:
```

origine   IMG_FILTER_MEAN_REMOVAL

es_88_IMG_FILTER_NEGATE

Crea negativo dell'immagine. Non richiede parametri.

```php
<?php // es_88_IMG_FILTER_NEGATE
$Immagine1 = imagecreatefromjpeg('firenze_start.jpg'); // carica immagi
$Immagine2 = imagecreatefromjpeg('david.jpg');
$Immagine3 = imagecreatefromjpeg('cranio.jpg');

$Immagine1 && imagefilter($Immagine1, IMG_FILTER_NEGATE); // applica filtro firenze_start.jpg'
imagejpeg($Immagine1, 'es_88_IMG_FILTER_NEGATE.jpg', 100); // salva

$Immagine2 && imagefilter($Immagine2, IMG_FILTER_NEGATE); // applica filtro david.jpg
imagejpeg($Immagine2, 'es_88_IMG_FILTER_NEGATE.jpg', 100); // salva
$Immagine3 && imagefilter($Immagine3, IMG_FILTER_NEGATE); // applica filtro cranio.jpg
```

imagejpeg($Immagine3, 'es_88_IMG_FILTER_NEGATE.jpg', 100); // salva max qualità
imagejpeg($Immagine3,NULL,100); // al browser

imagedestroy($Immagine1); imagedestroy($Immagine2);imagedestroy($Immagine3); // libera memoria
?>Risultato:

origine

IMG_FILTER_NEGATE

es_89_IMG_FILTER_PIXELATE

Sfoca l'immagine con effetto pixelation, richiede 2 parametri, il primo numerico e l'altro booleniano.

- Indica la dimensione dei blocchi di pixel, dev 'essere un numero positivo.
- Parametro, booleniano facoltativo, default = false, imposta la modalità dell'effetto pixelation.
  - true: rende l'effetto graduale
  - false per un effetto netto.

```php
<?php // es_IMG_FILTER_PIXELATE
$Immagine1 = imagecreatefromjpeg('occhio.jpg'); // carica l'immagine
$Immagine2 = imagecreatefromjpeg('occhio.jpg');
$Immagine1 && imagefilter($Immagine1, IMG_FILTER_PIXELATE, 3, true); // applica filtro
imagejpeg($Immagine1, 'es1_IMG_FILTER_PIXELATE.jpg'); // salva max qualità

$Immagine2 && imagefilter($Immagine2, IMG_FILTER_PIXELATE, 3); // applica filtro
imagejpeg($Immagine2, 'es2_IMG_FILTER_PIXELATE.jpg'); // salva max qualità
imagejpeg($Immagine2,NULL,100);// al browser max qualità

imagedestroy($Immagine1); imagedestroy($Immagine2); // libera memoria
?>Risultato:
```

origine   IMG_FILTER_PIXELATE, 3, true   IMG_FILTER_PIXELATE, 3

es_90_IMG_FILTER_SMOOTH

Attenua i bordi e gli angoli per ammorbidire un'immagine.
Richiede per l'intensità dell'effetto parametro numerico.

```php
<?php // es_90_IMG_FILTER_SMOOTH
```

```
$Immagine1=imagecreatefrompng("savana.png"); // carica immagine
$Immagine2=imagecreatefrompng("savana.png");

$Immagine1 && imagefilter($Immagine1,IMG_FILTER_SMOOTH, -2); // applica filtro -2
imagepng($Immagine1,"es_90_IMG_FILTER_SMOOTH_(fitro-2).png"); // salva immagine

$Immagine2 && imagefilter($Immagine2,IMG_FILTER_SMOOTH,9); // applica filtro +9
imagepng($Immagine2,"es_90_IMG_FILTER_SMOOTH_(filtro+9).png"); // salva immagine

header("Content-type: image/png");
imagepng($Immagine2); // al browser

imagedestroy($Immagine1); imagedestroy($Immagine2); // libera memoria
?>
```
Risultati:

origine   IMG_FILTER_SMOOTH, -2   IMG_FILTER_SMOOTH, 9

Effetti con filtri multipli

Ora che sono stati presentati i filtri ad oggi (2016) possibili per la funzione imagefilter(), seguono alcuni esempi di cosa è possibile fase applicando, nella stessa operazione, più filtri alla stessa immagine o con manipolazione di forme e colori da programmazione.

es_91_Effetto appiattimento

Questo effetto può avvicinarsi al lavoro di un'incisione, per realizzarlo è necessario applicare due filtri.

Nello scipt il filtro è applicato su 2 immagini identiche, una con trasparenza e l'altra opaca.

- Rilevare differenze di immagine con il filtro di IMG_FILTER_EDGEDETECT
- Trasformare l'immagine in rilievo con il filtro di IMG_FILTER_EMBOSS

```php
<?php // es_91_effetto_appiattimento
$Immagine1 =imagecreatefromjpeg('David.jpg');// carica l'immagine 1 jpg
imagefilter($Immagine1, IMG_FILTER_EDGEDETECT); // applica filtro che individua ed evidenzia i bordi
imagefilter($Immagine1, IMG_FILTER_EMBOSS); // applica filtro che crea effetto sbalzo tipo "bassorilievo"
imagejpeg ($Immagine1,"es_91_effetto_appiattimento.jpg",100);// salva immagine con qualità max

$Immagine2 =imagecreatefrompng('David.png');// carica l'immagine 2 png
imagesavealpha($Immagine2, true); // imposta il flag per salvare informazioni con canale Alpha
$CanaleAlpha = imagecolorallocatealpha($Immagine2, 255, 255, 0, 127);
imagefill($Immagine2, 0, 0, $CanaleAlpha); // rende l'immagine con trasparenza

imagefilter($Immagine2, IMG_FILTER_EDGEDETECT); // filtro che individua ed evidenzia i bordi
imagefilter($Immagine2, IMG_FILTER_EMBOSS); // filtro che crea effetto sbalzo tipo "bassorilievo"

imagepng($Immagine2,"es_91_effetto_appiattimento.png");// salva immagine
imagejpeg ($Immagine1);// al browser
imagedestroy ($Immagine1); imagedestroy ($Immagine2);// libera memoria
```

?>Risultati:

| origine | IMG_FILTER_EDGEDETECT+ IMG_FILTER_EMBOSS | origine | IMG_FILTER_EDGEDETECT· IMG_FILTER_EMBOSS |

es_92_Effetto scatto dolce applicando sfocatura

Il risultato di questo effetto è una sfocatura. Lo scopo è raggiunto usando:

- IMG_FILTER_GAUSSIAN_BLUR per applicare sfocatura gaussiana all'immagine
- IMG_FILTER_SELECTIVE_BLUR per applicare sfocatura selettiva sulle varie superfici identificate.

```php
<?php // Effetto scatto dolce applicando sfocatura
header("Content-type: image/jpeg");
$image =imagecreatefromjpeg ('savana.jpg'); // carica IMMAGINE
imagefilter ($image, IMG_FILTER_GAUSSIAN_BLUR); // filtro per dare sfocatura gaussiana all'immagine
imagefilter ($image, IMG_FILTER_SELECTIVE_BLUR); // filtro per sfocatura selettiva sulle varie superfici.
imagejpeg ($image,"scatto_dolce_applicando_sfocatura.jpg", 100); // salva immagine alla max qualità

imagejpeg ($image); // al browser
imagedestroy ($image); // libera memoria
?>
```
Risultato:

| origine | IMG_FILTER_GAUSSIAN_BLUR_IMG + FILTER_SELECTIVE_BLUR |

es_93_Separazione colori RGB

Il primo effetto consta nella separazione dei colori RGB.

Viene caricata tre volte la stessa immagine ed assegnata a tre variabili diversi, quindi filtrate ciascuna con

- IMG_FILTER_GRAYSCALE che Converte l'immagine in scala di grigi.
- IMG_FILTER_COLORIZE che applica un filtro di colore all'immagine.

La componente Alpha non è utilizzata.
I colori, rispettivamente Red, Green, Bleu di ciascuna immagine non sono assoluti, ma hanno una componente degli altri 2.

```php
<?php // es_93_colore_dominante
header("Content-type: image/png");
$ImmagineR = imagecreatefrompng ('savana.png'); // carica immagine
$ImmagineG = imagecreatefrompng ('savana.png'); $ImmagineB = imagecreatefrompng ('savana.png')
imagefilter ($ImmagineR, IMG_FILTER_GRAYSCALE); // Converte immagini in scala di grigi
imagefilter ($ImmagineG, IMG_FILTER_GRAYSCALE); imagefilter ($ImmagineB,
IMG_FILTER_GRAYSCALE);
imagefilter ($ImmagineR, IMG_FILTER_COLORIZE, 255, 50, 75); // dominante rossa

imagepng ($ImmagineR,"es_93_savana_rosso.png"); // salva
imagefilter ($ImmagineG, IMG_FILTER_COLORIZE, 10, 255, 0); // dominante verde

imagepng ($ImmagineG,"es_93_savana_verde.png"); // salva
imagefilter ($ImmagineB, IMG_FILTER_COLORIZE, 20, 17, 255); // dominante blu
imagepng ($ImmagineB,"es_93_savana_blu.png"); // salva

imagepng ($ImmagineB); // al browser
imagedestroy ($ImmagineR); imagedestroy ($ImmagineG);imagedestroy ($ImmagineB); // libera memoria
?> Risultato:
```

| origine | IMG_FILTER_COLORIZE, 255, 50, 75 | IMG_FILTER_COLORIZE, 10, 255, 0 | IMG_FILTER_COLORIZE, 20, 17, 255 |

es_94_Effetto monocromatico

Anche per creare l'effetto monocromatico occorre applicare due filtri.

- IMG_FILTER_GRAYSCALE che trasformare l'immagine originale a colori in scale dei grigi
- IMG_FILTER_NEGATE creando un negativo dell'immagine.

```php
<?php // es_94_Effetto_monocromatico
header("Content-type: image/jpeg");
$Immagine =imagecreatefromjpeg ('savana.jpg'); // carica immagine

imagefilter ($Immagine, IMG_FILTER_GRAYSCALE);//applica filtro convertendo immagine in scala di grigi.
imagefilter ($Immagine, IMG_FILTER_NEGATE); // applica filtro creando un negativo dell'immagine.

imagejpeg ($Immagine,"es_94_Effetto_monocromatico.jpg",100); // salva immagine alla max qualità
imagejpeg ($Immagine); // al browser
imagedestroy ($Immagine); // libera memoria
?>Risultato:
```

| origine | IMG_FILTER_GRAYSCALE + IMG_FILTER_NEGATE |

es_95_Effetto_invecchiamento

L'effetto giallastro o bluastro delle foto dei tempi andati può essere ottenuto con vari modi parametri.

```php
<?php // es_95_ Effetto_invecchiamento
$Immagine = imagecreatefromjpeg('firenze_start.jpg');
imagefilter($Immagine,IMG_FILTER_GRAYSCALE);
imagefilter($Immagine,IMG_FILTER_BRIGHTNESS,-30);
imagefilter($Immagine,IMG_FILTER_COLORIZE, 94, 38, 18);
imagejpeg($Immagine,"Immagine1.jpg");

$Immagine = imagecreatefromjpeg('firenze_start.jpg');
imagefilter($Immagine,IMG_FILTER_GRAYSCALE);
imagefilter($Immagine,IMG_FILTER_COLORIZE,100,50,0);

imagejpeg($Immagine,"Immagine2.jpg");
$Immagine = imagecreatefromjpeg('firenze_start.jpg');
imagefilter($Immagine,IMG_FILTER_GRAYSCALE);
imagefilter($Immagine,IMG_FILTER_COLORIZE,0,50,100);

imagejpeg($Immagine,"Immagine3.jpg");
imagejpeg($Immagine);
imagedestroy($Immagine);
?>Risultati:
```

Origine | IMG_FILTER_GRAYSCALE IMG_FILTER_BRIGHTNESS,-30 IMG_FILTER_COLORIZE, 94, 38, 18 | IMG_FILTER_GRAYSCALE IMG_FILTER_COLORIZE,100,50,0 | IMG_FILTER_GRAYSCALE IMG_FILTER_COLORIZE,0,50,100

I filtri non sono altro che delle funzioni predefinite che permettono di "fare qualcosa" alle immagini, ma possono anche essere fatti da chiunque abbia un pò di dimestichezza con colori e pixel a volte perfino creando qualcosa più adatto ad una situazione contingente.

Nel seguente esempio, nella funzione ' Applica_filtro ', vengono eseguite manipolazioni sui colori simulando filtri già pronti in GD.
Una dimostrazione di come sia possibile, da programmazione, modificare i colori di ogni singolo pixel dando all'immagine l'effetto che più si desidera.
L'esempio è formato da una funzione che viene invocata 3 volte passandole ogni volta ciascuno i tre colori RGB in quantità diversa.
Ulteriori effetti possono essere avuti cambiando i colori ai quali è applicato lo spostamento bit alla riga:
$Rosso = $RGB & 255; $Verde = ($RGB >> 8) & 255; $Blu = ($RGB >> 16) & 255;

es_96_effetti_da_elaborazione_colori

```php
<?php
function Applica_filtro($L,$Immagine,$Rosso,$Verde,$Blu){
$Rs = $Rosso; $Vs = $Verde; $Bs =$Blu; // recupera valori per nome del file da salvare
$RGB = $Rosso + $Verde + $Blu;
$Colore = array($Rosso/$RGB, $Blu/$RGB, $Verde/$RGB);
$Imma_larg = imagesy($Immagine); $Imma_alt = imagesx($Immagine); // dimensioni dell'immagine

for($x=0; $x<$Imma_alt; $x++) // scansiona immagine sull'asse x
        {for($y=0; $y<$Imma_larg; $y++) // scansiona immagine sull'asse y
                {$RGB = imagecolorat($Immagine, $x, $y); // l'egge il colore del pixel

// Sposta verso destra i bit,(spostamento è aritmetico),i bit spostati fuori delle estremità sono scartati
$Rosso = $RGB & 255; $Verde = ($RGB >> 8) & 255; $Blu = ($RGB >> 16) & 255;
$RossoNEW = floor($Rosso*$Colore[0] + $Verde*$Colore[1] + $Blu*$Colore[2]); // nuova quantità di rosso
$VerdeNEW = floor($Rosso*$Colore[2] + $Verde*$Colore[0] + $Blu*$Colore[1]); // nuova quantità di verde
$BluNEW = floor($Rosso*$Colore[1] + $Verde*$Colore[2] + $Blu*$Colore[0]); // nuova quantità di blu
```

```
// scrive nel pixel il nuovo colore
imagesetpixel($Immagine, $x, $y,imagecolorallocate($Immagine, $RossoNEW, $VerdeNEW, $BluNEW));
}}
```

imagejpeg($Immagine, "es_96_filtro_".$L." R=".$Rs."-".$RossoNEW."_G=".$Vs."-".$VerdeNEW." B=".$Bs."-".$BluNEW.".jpg"); // salva

imagejpeg($Immagine); // al browser
}

```
header ("Content-type: image/jpeg");
$Immagine = imagecreatefromjpeg("firenze_start.jpg");
$Rosso = 185; $Verde = 72; $Blu = 1; Applica_filtro("A",$Immagine,$Rosso,$Verde,$Blu);
$Rosso = 18; $Verde = 70; $Blu = 180; Applica_filtro("B",$Immagine,$Rosso,$Verde,$Blu);
$Rosso = 18; $Verde = 170; $Blu = 18; Applica_filtro("C",$Immagine,$Rosso,$Verde,$Blu);
?>Risultati:
```

Origine   filtro_A   filtro_B   filtro_C
R=185-39 G=72-51 B=1-50   R=18-47 G=70-42 B=180-49   R=18-46 G=170-48 B=18-43

Grafici

L'invenzione di questa tecnica è attribuita a William Playfair che alla fine del 1786 nel suo Commercial and Politica Atlas del 1786 ed in seguito, nel 1801, introdusse il grafico a torta o diagramma circolare.
Il diagramma circolare rappresenta rapporti fra valori ed è divenuto un metodo largamente usato tanto da essere spesso considerato indispensabile.
Con l'avvento dei computer, volendo dare agli utenti la possibilità di avere grafici creati dinamicamente, per esempio con dati letti da una tabella di database, è necessario crearli sul momento, la libreria GD dispone di tutti gli strumenti per questo compito.

Grafici a linee

Un tipo di rappresentazione grafica, intuitiva ed accurata, è il diagramma cartesiano.
Questo tipo di diagramma è utile per rappresentare due dati legati tra loro da una relazione.
Il diagramma cartesiano è formato da due semirette perpendicolari che si incontrano in un punto
Su ciascuna semiretta sono riportate le scale di due valori.
I grafici a linee sono ideali per mostrare l'andamento delle tendenze nel tempo.
Per esempio nell'asse orizzontale (X) sono riportati i 30 giorni di un mese e nell'asse verticale (y) dal basso verso l'alto la scala dei valori, per es. da 0 a 100 che rappresentano prezzi.
Nell'esempio classico, dato un piano cartesiano, sull'asse Y sono rappresenti i valori azionari di una determinata azienda, mentre sull'asse X il loro valore che cambia in un determinato periodo temporale.
Generalizzando questo esempio, è possibile rappresentare qualsiasi dato che si comporta come una funzione rispetto alla variabile sull'asse X.

es_97_grafico_andamento_azionario

Il grafico simula l'andamento di un ipotetico titolo azionario per 30 giorni.
I valori del titolo sono creati in modo casuale in un range fra 1 e 550 compresi.
Questi valori si rinnovano automaticamente ad ogni lancio dello script dando grafici sempre diversi.
Vengono disegnate sull'asse x i giorni, e sull'asse y la scala dei valori.

Parallele all'asse x, sono disegnate linee intermedie per meglio leggere il grafico.
Il font usato è arial.ttf

```php
<?php
$Giorno = array(); // dichiara array dei giorni
$gg=1; // giorno del mese

for($x=1; $x<31; $x++){
$NumeroMinimo = 1; $NumeroMassimo = 550;
$n = rand($NumeroMinimo,$NumeroMassimo);
$Prezzo[$gg] = $n; // immette in ciascun giorno il prezzo come valore casuale fra 1 e 550
$gg++;
}

// Crea immagine truecolor di 350x280 pixel
$Immagine = imagecreatetruecolor(1240,600 );

// colore di fondo nel grafico
$Grigio = imagecolorallocate($Immagine, 200, 200, 200);

// Riempire lo sfondo con il colore selezionato in precedenza
imagefill($Immagine, 0, 0, $Grigio);

$Rosso = imagecolorallocate($Immagine,255,0,0); // valori ed etichette sulle coordinate
$Verde = imagecolorallocate($Immagine,0,102,0); // Linea del grafico
$Nero = imagecolorallocate($Immagine,0,0,0); // colore per ascisse ed ordinate

imagesetthickness($Immagine, 3); // larghezza tratto di 3 pixel

// disegna ascisse ed ordinate
imageline($Immagine, 40, 5, 40, 560, $Nero ); // X
imageline($Immagine, 40, 560, 1240, 560, $Nero ); // Y

imagesetthickness($Immagine, 1); // larghezza tratte di 1 pixel

$Giallo = imagecolorallocate($Immagine, 255, 255, 0); // linee orizzontali tratteggiate gialle
$style = array($Giallo, $Giallo, $Giallo, $Giallo, $Giallo,
IMG_COLOR_TRANSPARENT, IMG_COLOR_TRANSPARENT, IMG_COLOR_TRANSPARENT,
IMG_COLOR_TRANSPARENT, IMG_COLOR_TRANSPARENT);
imagesetstyle($Immagine, $style
      );
$S = 500;

for($y=60;$y<470;$y+=100){
        imagestring($Immagine, 3, 18, $y, $S , $Giallo); // valori linee gialle tratteggiate
        imageline($Immagine, 30, $y, 1240, $y, IMG_COLOR_STYLED); // linee gialle tratteggiate
        $S-=100;
        }

// scrittura di testi font, angolo rotazione, posizione x di partenza
$DimensioneFont = 10; $Font = "font/arial.ttf"; $Angolo = 0; $xStart = 40;

// scala x, separatori dei giorni del mese giorni del mese e numero giorno
for($x=1;$x<31;$x++){
imageline($Immagine, $x*40, 560, $x*40, 580, $Nero ); // separatore
// disegna numero giorni del mese
imagettftext($Immagine, $DimensioneFont, $Angolo, $x*40+15, 580, $Nero, $Font, $x);
}

// Scrive valore delle coordinate
imagestring($Immagine, 5, 600, 583, "G I O R N I" , $Rosso);// x in orizzontale
imagestringup($Immagine, 5, 2, 350, "V A L O R I" , $Rosso);// y in verticale dal basso verso l'alto

// inizio della scrittura della linea del grafico e dei valori
$xP = 0; $yP = 0; // conterrà valore del giorno Precedente
$xC = 0; $yC = 560;// conterrà valore del giorno Corrente
```

```
$DimensioneFont = 8;
for($gg=1;$gg<31;$gg++){ // scorre l'array dei prezzi/giorno
$xP = $xC; $xC = $gg*40+15;
$yP = $yC; $yC = 560 - $Prezzo[$gg];
imagesetpixel($Immagine, $gg*40+15,$Prezzo[$gg], $Nero);
imageline($Immagine, $xP,$yP,$xC,$yC, $Verde); // Linea del grafico

// prezzo giornaliero
imagettftext($Immagine,$DimensioneFont,$Angolo,$gg*40+18,560-
$Prezzo[$gg],$Rosso,$Font,$Prezzo[$gg]);
}

// imagepng($Immagine); // al browser
imagepng($Immagine, "es_97_grafico_andamento_azionario.png"); // salva
imagedestroy($Immagine);// libera memoria
?>
<!doctype html><html><head>
<meta charset="utf-8">
<title> es_102_grafico_andamento_azionario </title>
</head><body>
<!-- legge il grafico appena creato e lo mette a video -->
<img src="es_102_grafico_andamento_azionario.png">
</body></html>Risultato:
```

Grafici a barre

Il grafico a barre è un metodo per riassumere una serie di dati riguardanti una categoria.
I valori sono visualizzati utilizzando più barre della stessa larghezza, e ciascuna barra rappresenta una determinata categoria. L'altezza di ciascuna barra è proporzionale al valore o somma di valori della categoria che rappresenta.
Nel grafico a barre possono anche essere inserite e sovrapposte informazioni aggiuntive con linee di riferimento fra valori o periodi omogenei ecc. (sull'esempio dei grafici lineari).

es_98_grafico_a_barre_orizzontali_sondaggio_vacanza

http://www.taccetti.net/web/phpgd2/index.php?id=9

Il grafico verrà formato sulle risposte ad un ipotetico sondaggio per la domanda:
Importanza di luoghi culturali e di ristorazione nel progettare una vacanza?
Hanno risposto 152 persone selezionando una fra le 5 risposte ammesse (schema sottostante).
Naturalmente il grafico si adegua col variare delle risposte e della lro quantità.

Tab. es. 98

Risposta	Quantità
molto importante	43
importante	61
importante ma non sufficiente	34
ininfluente	4
non risponde	10

Verrà creato un grafico con 5 barre, ognuna corrispondente a ciascuna risposta possibile.
Ogni barra avrà colore diverso dalle altre e dimensione proporzionale alla quantità di risposte avute per ciascuna possibilità ammessa.

```php
<?php // es_98_grafico_a_barre__orizzontali_sondaggio_vacanza
$moltoimportante = isset($_POST['moltoimportante']) ? $_POST['moltoimportante'] : 43;
$importante = isset($_POST['importante']) ? $_POST['importante'] : 61;
$impnonsufficiente = isset($_POST['impnonsufficiente']) ? $_POST['impnonsufficiente'] : 34;
$ininfluente = isset($_POST['ininfluente']) ? $_POST['ininfluente'] : 4;
$nonrisponde = isset($_POST['nonrisponde']) ? $_POST['nonrisponde'] : 10;


function Crea_Grafico($Domanda, $Risposte) {
// Immagine sulla quale verrà costruito il grafico non è l'immagine definitiva,
// La parte significativa di $Immagine questa copiata su $ImmagineConGrafico eliminando le parti vuote
$Immagine_Larg = 600; $Immagine_Alt = 350;
$Immagine = imagecreate($Immagine_Larg, $Immagine_Alt);

imagecolorallocate($Immagine, 200, 200, 200); /// colore sfondo immagine
$Nero = imagecolorallocate($Immagine, 0, 0, 0); // colore del testo
$ColoreBarra[0] = imagecolorallocate($Immagine,255,255,0);
$ColoreBarra[1] = imagecolorallocate($Immagine,0,255,0);
$ColoreBarra[2] = imagecolorallocate($Immagine,0,0,255);
$ColoreBarra[3] = imagecolorallocate($Immagine,255,0,0);
$ColoreBarra[4] = imagecolorallocate($Immagine,255,0,255);

$c = 0; // colore barra corrente

/*** valori di spaziatura ***/
$y = 5; // spazio prima della stringa del titolo
$x = 5; // distanza dal margine sinistro del contenuto dell'immagine

$Quant_MAX_caratt_linea = 50; // numero massimo caratteri in una linea del titolo

// lunghezza della barra in funzione della più lunga linea possibile, in pratica la scala del grafico
$Scala = $Quant_MAX_caratt_linea * 15;

$AltezzaBarreGrafico = 20; // altezza barre del grafico,

// cioè larghezza della base di ciascuna barra (infuenza l'altezza dell'immagine che contiene il grafico)
// somma la quantità delle risposte avute
$TotaleRisposte = array_sum($Risposte['RisposteQuantita']);

// stampa la domanda, se necessario su più righe
// usato la funzione wordwrap per stabilire esattamente quando andare a capo

$divisorio=explode("\n",wordwrap($Domanda."Totale
risposte:".$TotaleRisposte,$Quant_MAX_caratt_linea));
        foreach ($divisorio as $line) {
                imagestring($Immagine, 5, $x, $y , $line, $Nero);
                $y += 16; // distanza per eventuale nuova line di testo
                        }

        $y += 16; // inserisce linea vuota come distanza fra domanda e risposte
// Stampa le risposte
for ($i = 0; $i < count($Risposte['RispostaGiudizio']); $i++)
{
```

```
// Percentuali sul totale di ciascuna risposta
$Percentuale = sprintf('%1.1f', 100 * $Risposte['RisposteQuantita'][$i]/$TotaleRisposte);
$BaseBarraRettangolo = sprintf('%d', $Scala * $Risposte['RisposteQuantita'][$i]/$TotaleRisposte);

// Disegna le barre del grafico
imagefilledrectangle($Immagine, $x, $y, $x + $BaseBarraRettangolo, $y + $AltezzaBarreGrafico,
$ColoreBarra[$c]); $c++; if($c>4){$c=0;}

// al termine di ciascuna barra disegna il numero delle risposte e loro percentuale sul totale
imagestring($Immagine, 4, $x + $BaseBarraRettangolo, $y, "(risp.".$Risposte['RisposteQuantita'][$i].")
"."$Percentuale"."%", $Nero);

// stampa le risposte per ciascuna barra
$y += 20;// posizione testo per la barra corrente eventualmente mandando a capo se troppo lungo
// usando la funzione wordwrap
$wrapped = explode("\n", wordwrap($Risposte['RispostaGiudizio'][$i], $Quant_MAX_caratt_linea));

        foreach ($wrapped as $line) {
                imagestring($Immagine, 3, $x, $y, $line, $Nero);
                $y += 22;
                        }$y += 7;
                        }

// crea immagine sulla quale copiare il grafico
// $y = all' Altezza necessaria per il Grafico, serve a eliminare lo spazio in basso non usato
$ImmagineConGrafico = imagecreate($Immagine_Larg, $y );

// copia la parte significativa del'imamigne creata sull'immagine definitiva
imagecopy($ImmagineConGrafico, $Immagine, 0, 0, 0, 0, $Immagine_Larg, $Immagine_Alt);
imagepng($ImmagineConGrafico,"es_98_grafico_a_barre__orizzontali_sondaggio_vacanza.png");
imagedestroy($Immagine); imagedestroy($ImmagineConGrafico); // libera memoria
}

$Domanda = 'Importanza di luoghi culturali e di ristorazione nel progettare una vacanza.';
$Risposte['RispostaGiudizio'][ ] = 'molto importante';
$Risposte['RisposteQuantita'][ ] = $moltoimportante;
$Risposte['RispostaGiudizio'][ ] = 'importante';
$Risposte['RisposteQuantita'][ ] = $importante;
$Risposte['RispostaGiudizio'][ ] = 'importante ma non sufficiente';
$Risposte['RisposteQuantita'][ ] = $impnonsufficiente;
$Risposte['RispostaGiudizio'][ ] = 'ininfluente';
$Risposte['RisposteQuantita'][ ] = $ininfluente;
$Risposte['RispostaGiudizio'][ ] = 'non risponde';
$Risposte['RisposteQuantita'][ ] = $nonrisponde;
Crea_Grafico($Domanda, $Risposte);
?>
<!doctype html><html><head><meta charset="utf-8"></head><body>
<img src="es_98_grafico_a_barre__orizzontali_sondaggio_vacanza.png">
</body></html>
```

Risultato:

es_99_grafico_a_barre_verticali

http://www.taccetti.net/web/phpgd2/index.php?id=112

Il prossimo esempio è un grafico a barre verticali usando ai valori già utilizzati dell'esempio 97, cioè la tabella:

Tab. es. 98

Risposta	Quantità
molto importante	43
importante	61
importante ma non sufficiente	34
ininfluente	4
non risponde	10

Occorre tener presente che nell'elaborazione delle immagini il punto x=0,y=0 è in alto a sinistra mentre le barre dei grafici possono essere, come in questo caso, disegnate dal basso verso l'alto.

```php
<?php // es_99_grafico_a_barre_verticali
$moltoimportante = isset($_POST['moltoimportante']) ? $_POST['moltoimportante'] : 43;
$importante = isset($_POST['importante']) ? $_POST['importante'] : 61;
$impnonsufficiente = isset($_POST['impnonsufficiente']) ? $_POST['impnonsufficiente'] : 34;
$ininfluente = isset($_POST['ininfluente']) ? $_POST['ininfluente'] : 4;
$nonrisponde = isset($_POST['nonrisponde']) ? $_POST['nonrisponde'] : 10;
$Larghezza = 400; $Altezza = 350; // Crea immagine il fondo è nero per default
$Immagine = imagecreate($Larghezza, $Altezza);

// alloca i colori
$Grigio = imagecolorallocate($Immagine, 222, 222, 222);// fondo immagine in grigio
$Nero = imagecolorallocate($Immagine, 0, 0, 0);
$Bianco = imagecolorallocate($Immagine, 255, 255, 255);
$Rosso = imagecolorallocate($Immagine, 255, 0, 0);
$Verde = imagecolorallocate($Immagine, 0, 255, 0);
$Blu = imagecolorallocate($Immagine, 0, 0, 255);
$Giallo = imagecolorallocate($Immagine, 255, 255, 0);

// Asse x: Origine x=20, y=320 (base dele barre). Termine x=$Larghezza-10, y=320
imageline($Immagine, 20, 320, $Larghezza-10, 320, $Nero);

// Asse y: Origine x=20,Y= $Altezza-30. Termine x=1, Y=10 (dal basso vero l'alto)
imageline($Immagine, 20, $Altezza-30, 20, 10, $Nero);
/*
Stabilito che, in pixel: distanza della prima barra dal margine sinistro è 40, larghezza della base delle barre 50, distanza fra le barre 30.
ALTEZZA delle barre: L'altezza deve essere proporzionale al valore che rappresentano.
Preso come base il punto y=320 visto, l'altezza della barra viene calcolata con 320 meno quantità di ciascuna risposta (perché la base è in basso).
La quantità di ciascuna risposta è moltiplicata per 5,dando un grafico è in scala 5 a 1
*/

// disegno dei rettandoli con altezza proporzionata ai valori
imagefilledrectangle($Immagine, 40, 320, 90, 320-($moltoimportante*5), $Bianco);
imagefilledrectangle($Immagine, 110, 320, 160, 320-($importante*5), $Rosso);
imagefilledrectangle($Immagine, 180, 320, 230, 320-($impnonsufficiente*5), $Verde);
imagefilledrectangle($Immagine, 250, 320, 300, 320-($ininfluente*5), $Blu);
imagefilledrectangle($Immagine, 320, 320, 370, 320-($nonrisponde*5), $Giallo);

// ora che il grafico è terminato, vengono scritti titolo e valori
// Titolo, domanda fatta, e quantità risposte
$TotRisp = $moltoimportante + $importante + $impnonsufficiente + $ininfluente + $nonrisponde;
imagestring($Immagine, 3, 1, $Altezza-25, "Importanza di luoghi culturali e di ristorazione" , $Nero);
imagestring($Immagine, 3, 1, $Altezza-15, "nel progettare una vacanza? Tot.risposte=".$TotRisp , $Nero);
```

// risultati: utilizzando il punto x,y delle costruzione delle barre viene sovrascritta la legenda
$y = 260; // posizione y di partenza del testo in verticale
$x = 20; // posizione x di partenza del testo in verticale

imagestringup($Immagine, 3, 40 + $x, $y, $moltoimportante." - molto importante" , $Nero);
imagestringup($Immagine, 3, 110 + $x, $y, $importante." - importante" , $Nero);
imagestringup($Immagine, 3, 180 + $x, $y, $impnonsufficiente." - importante ma non sufficiente" , $Nero);
imagestringup($Immagine, 3, 250 + $x, $y, $ininfluente." - ininfluente" , $Nero);
imagestringup($Immagine, 3, 320 + $x, $y, $nonrisponde." - non risponde" , $Nero); // non risponde 10

imagepng($Immagine,"es_99_grafico_a_barre_verticali.png"); // salva
imagedestroy($Immagine); // libera memoria
?>
<!doctype html><html><head><meta charset="utf-8"></head><body>
<img src="es_99_grafico_a_barre_verticali.png">
</body></html>Risultato:

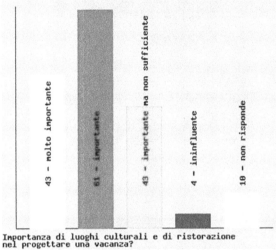

es_100_barre_verticali_Abitanti_nazioni_Europa

Nell'esempio seguente, una pagina web completamente commentata, il codice GD/PHP crea un grafico a
barre per la quantità di abitanti di alcune nazioni europee.
Il nome delle nazioni e la quantità degli abitanti è posta in un array, ma potrebbe essere ricevuta col metodo
$_POST come ad esempio: $Nazione = isset($_POST['Nazione']) ? $_POST['Nazione'] : 0;
oppure letta in tabelle database e con un'unica pagina aggiornare il grafico per qualsivoglia dati ricevuti.

```
<?php
// crea gli array per i dati ed i nome delle nazioni
$Nazioni = array('Belgio','Francia','Germania','Italia','Olanda','Polonia','Romania','Spagna','Ungheria');
$QuantAbitanti = array('10.6','62.3','82.1','59.8','16.8','38','21.2','46.6','9.9');
$NazioniQUANTITA = count($Nazioni); // legge la quantità delle nazioni
$Immagine=imagecreate($NazioniQUANTITA*50,255); //Dimensione immagine che conterrà il grafico
imagecolorallocate($Immagine, 200, 255, 128); // colore di fondo nel grafico

// alloca i colori da usare nel grafico per barre, nomi nazioni e valori
$ColoreBarrra[0] = imagecolorallocate($Immagine,255,0,255); // viola
$ColoreBarrra[1] = imagecolorallocate($Immagine,255,0,0); // rosso
$ColoreBarrra[2] = imagecolorallocate($Immagine,0,0,255); // blu
$Nero = imagecolorallocate($Immagine,0,0,0); // colore per ascisse ed ordinate
$Rosso = imagecolorallocate($Immagine,255,0,0); // colore per titolo del grafico

// disegna ascisse ed ordinate
imageline($Immagine, 10, 5, 10, 230, $Nero ); imageline($Immagine, 10, 230, 450, 230, $Nero );
imagestring($Immagine,3,15,5,"x 1.000.000",$Nero); //stampa il testo, scala e titolo
```

```
imagestring($Immagine,5,150,50,"Abitanti nazioni",$Rosso);
imagestring($Immagine,5,190,75,"europee",$Rosso);

// inizio disegno barre, valori, nomi nazioni
$x = 15; // posizione x
$y = 230; // posizione y
$SpazioFraBarre = 25; // spazio fre le barre
$AltezzaBarra = 0; // altezza delle barre, sarà calcolato in seguito nel loop
$C=0; // colore barra corrente

for ($Nu=0;$Nu<$NazioniQUANTITA;$Nu++){
$AltezzaBarra = $QuantAbitanti[$Nu] * 2; // scala 2 a 1

// barra colorata con $ColoreBarrra[$C]
imagefilledrectangle($Immagine,$x,$y,$x+$SpazioFraBarre,($y-$AltezzaBarra),$ColoreBarrra[$C]);

imagestring( $Immagine,2,$x-1,$y+10,$Nazioni[$Nu],$ColoreBarrra[$C]); // nome nazione
imagestring( $Immagine,2,$x-1,$y+1,$QuantAbitanti[$Nu],$ColoreBarrra[$C]); // abitanti in milioni

$x += ($SpazioFraBarre*2); //25 è la distanza fra le barre
$C++; if($C>2){$C = 0;} // colore prossima barra
}


imagejpeg( $Immagine, " es_100_barre_verticali_Abitanti_nazioni_Europa.jpg", 100); // salva immagine
imagedestroy($Immagine); // libera memoria
?>
<!doctype html><html><head><title>GRAFICO Abitanti nazioni Europa</title> </head> <body>
<!-- legge il grafico appena creato e lo mette a video -->
<img src=' es_100_barre_verticali_Abitanti_nazioni_Europa.jpg'>
</body> </html> Risultato:
```

es_101_barre_verticali_3D_spese_familiari

http://www.taccetti.net/web/phpgd2/index.php?id=113

Il grafico verrà formato sulle spese di un ipotetico consumo familiare per gli anni 2011-3013
per le voci: acqua, elettricità, gas, alimentari.
Per ogni anno verranno disegnate 4 barre 3d di diverso colore proporzionali a ciascuna spesa. In anni
diversi alla stessa tipologia di spesa corrisponde sempre lo stesso colore.
Sotto la base delle colonne, la legenda per anni e tipo consumo, mentre il valore è alla sommità di ciascuna
barra.

Tab es. 101

ANNO	Acqua	Elettricità	Gas	Alimentari
2011	70	170	35	151
2012	77	130	50	165
2013	88	151	90	15

```
<?php
$Anno = array("2011","2012","2013");
```

```
$Valori = array( "70","170","35","151", // 2011 Acqua, Elettricita, Gas, Alimentari
                 "77","130","50","165", // 2012 Acqua, Elettricita, Gas, Alimentari
                 "88","151","90","15"); // 2013 Acqua, Elettricita, Gas, Alimentari

$Etichetta[0] = "Acqua"; $Etichetta[1] = "Elettricita"; $Etichetta[2] = "Gas"; $Etichetta[3] = "Alimentari";
$Colonne = count($Valori);
$ImmagineLarghezza = 640; $ImmagineAltezza = 560;
$Legenda = 80; // spazio sotto i grafico
$EtiPos = 10;// spostamento etichette e valori rispetto alle barre del grafico
$DistanzaFraBarre = 20;
$ColonneLarghezza = floor($ImmagineLarghezza / $Colonne) ;
$Angolo3d = ($ColonneLarghezza-$DistanzaFraBarre) / 2.5; // Effetto spostamento angolo 3d
$DistanzaFraBarre = min(max($DistanzaFraBarre,1),$ColonneLarghezza);


$Immagine = imagecreatetruecolor($ImmagineLarghezza,$ImmagineAltezza);
$Grigio = imagecolorallocatealpha($Immagine,200,200,200,20); // sfondo del grafico

imagefilledrectangle($Immagine,0,0,$ImmagineLarghezza,$ImmagineAltezza,$Grigio);

$Nero = imagecolorallocatealpha($Immagine,0,0,0,0); // font, legenda valori fissi
$DimensioneFont = 10; $Font = "font/arial.ttf";

// linee di base del grafico
imageline($Immagine,0,$ImmagineAltezza-$Legenda,$ImmagineLarghezza,$ImmagineAltezza-
$Legenda,$Nero);

$Alpha[0] = 0; $Alpha[1] = 100; $Alpha[2] = 50; $A= 0; // canali ALPHA per dare effetto 3d
for($C=0;$C<12;$C+=4){
        $Crgba[$C] = imagecolorallocatealpha($Immagine,255,0,0,$Alpha[$A]); // rosso
        $Crgba[$C+1] = imagecolorallocatealpha($Immagine,0,255,0,$Alpha[$A]); // verde
        $Crgba[$C+2] = imagecolorallocatealpha($Immagine,0,0,255,$Alpha[$A]); // blu
        $Crgba[$C+3] = imagecolorallocatealpha($Immagine,255,0,255,$Alpha[$A]); // viola
        $A++; if($A>2){$A = 0;}
        }

$ValoreMAX = 0;
$BarraAltezzaMAX = ($ImmagineAltezza-$Legenda) - $ColonneLarghezza; //altezza massima delle colonne

for($i = 0; $i<$Colonne; $i++){$ValoreMAX = max($Valori[$i],$ValoreMAX);}
        $C = 0;
        $SpazioOrizzontaleAnno = $ImmagineLarghezza/3;// spazio in larghezza per ogni anno
        $EtichettaAnno = $SpazioOrizzontaleAnno/2;

for($i=0;$i<$Colonne;$i++)
$BarraCorrenteAltezza = ($BarraAltezzaMAX / 100) * (( $Valori[$i] / $ValoreMAX) * 100);
        $x1 = $i * $ColonneLarghezza;
        $y1 = $ImmagineAltezza - $BarraCorrenteAltezza;
        $x2 = (($i+1) * $ColonneLarghezza) - $DistanzaFraBarre;
        $y2 = $ImmagineAltezza;

if($i == 4 or $i == 8) // divisorio verticale fra anni
        {imageline($Immagine,$x1-3,0,$x1-3,$ImmagineAltezza,$Nero);}

// etichette anno

switch ($i) {
case 0:
imagettftext($Immagine, $DimensioneFont, 0, $SpazioOrizzontaleAnno-$EtichettaAnno, $ImmagineAltezza-
10, $Nero, $Font, $Anno[0]);
break;

case 4:
imagettftext($Immagine, $DimensioneFont, 0, $SpazioOrizzontaleAnno*2-$EtichettaAnno,
$ImmagineAltezza-10, $Nero, $Font, $Anno[1]);
break;
```

```
case 8:
imagettftext($Immagine, $DimensioneFont, 0, $SpazioOrizzontaleAnno*3-$EtichettaAnno,
$ImmagineAltezza-10, $Nero, $Font, $Anno[2]);
break;
}
```

```
// calcola spazio della legenda
$y1 = $y1-$Legenda;     $y2 = $y2-$Legenda;
imagefilledrectangle($Immagine,$x1,$y1,$x2,$y2,$Crgba[$C]); // Disegna la faccia principale della barra
```

```
// legenda etichette tipo di consumo
imagettftext($Immagine, $DimensioneFont, -45, $x1, ($ImmagineAltezza-$Legenda)+$EtiPos, $Nero, $Font,
$Etichetta[$C]);
```

```
// legenda etichette valori
imagettftext($Immagine, $DimensioneFont, 0, $x1+$EtiPos, $y1-$EtiPos, $Nero, $Font, $Valori[$i]);
```

```
// Crea un array per la faccia superiore delle barre per l'effetto 3D
        $Lato3D = array($x1,$y1,
                        $x1+$Angolo3d,($y1-$Angolo3d),
                        $x2+$Angolo3d,($y1-$Angolo3d),
                        $x2,$y1
                        );
```

```
// Disegna faccia superiore delle barre con effetto 3D
imagefilledpolygon($Immagine, $Lato3D, 4, $Crgba[$C+4]);
```

```
// Crea array per lato delle barre per effetto 3D
        $Lato3D = array($x2,$y1,
                        $x2+$Angolo3d,($y1-$Angolo3d),
                        $x2+$Angolo3d,($y2-$Angolo3d),
                        $x2,$y2
                        );
```

```
// Disegna lato delle barre con effetto 3D
imagefilledpolygon($Immagine,$Lato3D,4,$Crgba[$C+8]);
        $C++;if($C>3){$C = 0;}// colore delle barre
        }
```

```
imagepng($Immagine,"es_101_barre_verticali_3D_spese_familiari.png");
imagepng($Immagine); // al browser
imagedestroy($Immagine); // libera memoria
?>Risultato:
```

es_102_barre_verticali_3d_spese_annue

Con i valori della tabella precedente (Tab es. 101)

Tab es. 101

ANNO	Acqua	Elettricità	Gas	Alimentari
2011	70	170	35	151
2012	77	130	50	165
2013	88	151	90	15

viene creato un grafico a barre 3d dove le spese di ciascun anno sono sommate fra loro e visualizzate in una colonna 3d di 3 colori.

```php
<?php // es_102_barre_verticali_3d_spese_annue
$Anno = array( "2011","2012","2013");

$Valori = array( "70","170","35","151", // 2011 Acqua, Elettricita, Gas, Alimentari
                 "77","130","50","165", // 2012 Acqua, Elettricita, Gas, Alimentari
                 "88","151","90","15"); // 2013 Acqua, Elettricita, Gas, Alimentari

$Etichetta[0] = "Acqua"; $Etichetta[1] = "Elettricita"; $Etichetta[2] = "Gas"; $Etichetta[3] = "Alimentari";
$Colonne = count($Valori);
$ImmagineLarghezza = 640;      $ImmagineAltezza = 560;
$Legenda = 80; // spazio sotto il grafico
$EtiPos = 10;// spostamento etichette e valori rispetto alle barre del grafico
$DistanzaFraBarre = 20;
$ColonneLarghezza = floor($ImmagineLarghezza / $Colonne) ;
$Angolo3d = ($ColonneLarghezza-$DistanzaFraBarre) / 2.5; // Effetto spostamento angolo 3d
$DistanzaFraBarre = (min(max($DistanzaFraBarre,1),$ColonneLarghezza))* .5;
$Immagine = imagecreatetruecolor($ImmagineLarghezza,$ImmagineAltezza);
$Grigio = imagecolorallocatealpha($Immagine,200,200,200,20); // sfondo del grafico
imagefilledrectangle($Immagine,0,0,$ImmagineLarghezza,$ImmagineAltezza,$Grigio);
$Nero = imagecolorallocatealpha($Immagine,0,0,0,0); // font, legenda valori fissi
$DimensioneFont = 10; $Font = "font/arial.ttf";

// linee di base del grafico
imageline($Immagine,0,$ImmagineAltezza-$Legenda,$ImmagineLarghezza,$ImmagineAltezza-$Legenda,$Nero);

// valori alpha, canali colori di diversa opacità per dare effetto 3d
$Alpha[0] = 0; $Alpha[1] = 100; $Alpha[2] = 50; $A= 0;
for($C=0;$C<12;$C+=4){
        $Crgba[$C] = imagecolorallocatealpha($Immagine,255,0,0,$Alpha[$A]); // rosso
        $Crgba[$C+1] = imagecolorallocatealpha($Immagine,0,255,0,$Alpha[$A]); // verde
        $Crgba[$C+2] = imagecolorallocatealpha($Immagine,0,0,255,$Alpha[$A]); // blu
        $Crgba[$C+3] = imagecolorallocatealpha($Immagine,255,0,255,$Alpha[$A]); // viola$A++;
if($A>2){$A = 0;}
        }

$ValoreMAX = 0;
$BarraAltezzaMAX = ($ImmagineAltezza-$Legenda) - $ColonneLarghezza; // altezza massima colonne

// Identificare l'altezza massima delle colonne sommando lo stesso tipo id consumo per i 3 anni
$Tot2011 = $Valori[0] + $Valori[1] + $Valori[2] + $Valori[3]; // totale 2011
$Tot2012 = $Valori[4] + $Valori[5] + $Valori[6] + $Valori[7]; // totale 2012
$Tot2013 = $Valori[8] + $Valori[9] + $Valori[10] + $Valori[11]; // totale 2013
$ValoreMAX = max($Tot2011, $Tot2012, $Tot2013); // valore massimo

$C = 0;
$SpazioOrizzontaleAnno = $ImmagineLarghezza/3;// spazio in larghezza per ogni anno
$EtichettaAnno = $SpazioOrizzontaleAnno/2;
$y1Precedente = 0; $y2Precedente = 0;
$AltezzaBarrePrecedenti = array(); $AltezzaBarrePrecedenti[0] = 0;
$SpostamentoOrizzontaleColonne = 75;
$EtichettaSuColonna = 0;
```

```php
for($i=0; $i<$Colonne; $i++){// azzera anno precedente
        if($i==4 or $i==8){
                        $y1Precedente = 0; $y2Precedente=0;
                        $AltezzaBarrePrecedenti[4] = 0;
                        $AltezzaBarrePrecedenti[8] = 0;
                        }
$BarraCorrenteAltezza = ($BarraAltezzaMAX / 100) * (( $Valori[$i] / $ValoreMAX) * 100);
        $x1 = $i * $ColonneLarghezza;
        $y1 = $ImmagineAltezza - $BarraCorrenteAltezza;
        $x2 = (($i+1) * $ColonneLarghezza) - $DistanzaFraBarre;
        $y2 = $ImmagineAltezza;
        $y1Precedente = $y1Precedente + $y1;
        $y2Precedente = $y2Precedente + $y2;
        $AltezzaBarrePrecedenti[$i+1] = floor($y2Precedente - $y1Precedente);
if($i ==4 or $i ==8){imageline($Immagine,$x1-3,0,$x1-3,$ImmagineAltezza,$Nero);}//divisorio vert. anni
$PosizioneCorrettaX = 1.5; $PosizioneY = $ImmagineAltezza - 30; //posizione colonne ed etichette anno

switch ($i) {
case 0:
$XX1 = $x1 +$SpostamentoOrizzontaleColonne; $XX2 = $x2 +$SpostamentoOrizzontaleColonne;
imagettftext($Immagine, $DimensioneFont, 0, $SpazioOrizzontaleAnno-$EtichettaAnno *
$PosizioneCorrettaX, $PosizioneY, $Nero, $Font, "Totale ".$Anno[0]." = ".$Tot2011);
break;

case 4:
$XX1 = $x1 +$SpostamentoOrizzontaleColonne; $XX2 = $x2 +$SpostamentoOrizzontaleColonne;
imagettftext($Immagine, $DimensioneFont, 0, $SpazioOrizzontaleAnno*2-$EtichettaAnno*
$PosizioneCorrettaX, $PosizioneY, $Nero, $Font, "Totale ".$Anno[1]." = ".$Tot2012);
break;

case 8:
$XX1 = $x1 +$SpostamentoOrizzontaleColonne; $XX2 = $x2 +$SpostamentoOrizzontaleColonne;
imagettftext($Immagine, $DimensioneFont, 0, $SpazioOrizzontaleAnno*3-$EtichettaAnno*
$PosizioneCorrettaX, $PosizioneY, $Nero, $Font, "Totale ".$Anno[2]." = ".$Tot2013);
break;
}
// calcola spazio della legenda
$y1 = $y1-$Legenda-$AltezzaBarrePrecedenti[$i]; $y2 = $y2-$Legenda-$AltezzaBarrePrecedenti[$i];
imagefilledrectangle($Immagine,$XX1,$y1,$XX2,$y2,$Crgba[$C]); // faccia primcipale delle barre
$EtichettaSuColonna++; if($EtichettaSuColonna>3){$EtichettaSuColonna = 0;}
imagettftext($Immagine, $DimensioneFont, 0, $XX1 +60, $y2-30, $Nero, $Font,
$Etichetta[$EtichettaSuColonna]);
imagettftext($Immagine, $DimensioneFont, 0, $XX1 +60, $y2-15, $Nero, $Font, $Valori[$i]);

// Crea un array per la faccia superiore delle barre per effetto 3D
                $Lato3D = array(
                        $XX1,$y1,
                        $XX1+$Angolo3d,$y1-$Angolo3d,
                        $XX2+$Angolo3d,$y1-$Angolo3d,
                        $XX2,$y1
                        );

// Disegna faccia superiore delle barre con effetto 3D
imagefilledpolygon($Immagine, $Lato3D, 4, $Crgba[$C+4]);

// Crea array per lato delle barre per effetto 3D
        $Lato3D = array(
                $XX2,$y1,
                $XX2+$Angolo3d,$y1-$Angolo3d,
                $XX2+$Angolo3d,$y2-$Angolo3d,
                $XX2,$y2
                        );
```

```
// Disegna lato delle barre con effetto 3D
imagefilledpolygon($Immagine,$Lato3D,4,$Crgba[$C+8]);

$C++; if($C>3){$C = 0;} // colore delle barre
}

imagepng($Immagine,"es_102_barre_verticali_3d_spese_annue.png"); // salva
imagepng($Immagine); // al browser
imagedestroy($Immagine) // libera memoria
?>Risultato:
```

Usare immagini per confrontare grandezze

es_103_Consumo_Birra

http://www.taccetti.net/web/phpgd2/index.php?id=114

Spesso capita di vedere un grafico dove è disegnata la merce che è misurata, un classico sono i barili di petrolio per un grafico sulla produzione o il consumo di greggio.

Il prossimo grafico rappresenta un ipotetico consumo di birra per 4 nazioni europee (tabella successiva).

Tab es. 103

Nazione	Italia	Francia	Spagna	Germania
Consumo	425	500	232	1000

La dimensione del consumo è mostrata dalla grandezza dei bicchieri ricolmi, grandezza proporzionale al valore attribuito di consumo.
Sotto ogni bicchiere la quantità di consumo e sotto un'immagine stilizzata della nazione.
Le immagini delle nazioni ed il boccale sono letti da disco.
Viene stabilito che sul grafico la dimensione altezza/larghezza del bicchiere debba essere 0,618.
In base ai valori del consumo e la distanza che dovranno avere fra loro i bicchieri, viene creata l'immagine che conterrà il grafico in scala 1/2.
Vendono poi disegnati gli assi x,y con la scala dei valori ed il titolo del grafico.
Con un loop sono analizzati i 4 valori, calcolate le dimensioni dei bicchieri e con imagecopyresampled() incollato il bicchiere della dimensione e nel punto della nazione corrente.
Sempre nello stesso loop viene disegnato il valore numerico sul rispettivo bicchiere e sotto copiata l'immagine della nazione.

```php
<?php // es_103_Consumo_Birra
$Nazioni = array();// legge file immagini delle nazioni
$Nazioni[0] = imagecreatefrompng("immagini/Italia.png");
$Nazioni[1] = imagecreatefrompng("immagini/Francia.png");
$Nazioni[2] = imagecreatefrompng("immagini/Spagna.png");
$Nazioni[3] = imagecreatefrompng("immagini/Germania.png");

// legge file immagini bicchiere di birra
$BicchiereBirra = imagecreatefrompng("immagini/BicchiereBirra.png");

$BBx = imagesx($BicchiereBirra); $BBy = imagesy($BicchiereBirra); // dimensioni boccale birra

$NazConsumo = array(425, 500, 232, 1000); // consumo per nazione
$Legenda = 80; // contiene le immagini delle nazioni

$SpazioAsseY = 50; // // spazio alla sinistra dell'asse Y
$ScalaGrafico = .5; // scala grafico 1/2

$Max = max($NazConsumo); // valore massimo di consumo/nazione

$SpazioFraBicchieri = 30;

// calcola le dimensioni necessarie per il grafico
$DimOrizzBicchieri = array();

$DimOrizzGrafico = 0;
        for($z=0; $z<4;$z++){

// calcola dimensione boccale in larghezza moltiplicando l'altezza per rapporto aureo 0.618
$DimOrizzBicchieri[$z] = $NazConsumo[$z] * 0.618; // echo "<br>".$DimOrizzBicchieri[$z];

// somma spazio fra bicchieri più dimensione bicchiere in orizzontale per ogni nazione
// per determinare larghezza del grafico da creare
$DimOrizzGrafico = $DimOrizzGrafico + $DimOrizzBicchieri[$z] + $SpazioFraBicchieri;
}
// dimensioni del grafico
$Larghezza = $DimOrizzGrafico * $ScalaGrafico + $SpazioAsseY + $SpazioFraBicchieri*2;
$Altezza = $Max * $ScalaGrafico + $Legenda; // valore massimo più spazio legenda
$Immagine = imagecreatetruecolor($Larghezza, $Altezza);//crea l'immagine che conterrà il grafico

// imposta trasparenza del fondo dell'immagine
imagealphablending($Immagine, false);// Spenge alpha blending
imagesavealpha($Immagine, true); // imposta il flag per salvare informazioni con canale Alpha
$CanaleAlpha = imagecolorallocatealpha($Immagine, 0, 0, 0, 127);
imagefill($Immagine, 0, 0, $CanaleAlpha); // rende l'immagine completamente trasparente

$Nero = imagecolorallocate($Immagine,0,0,0); // alloca colore nero per testo e assi x,y

// titolo del grafico
imagestring ($Immagine,5 , $Larghezza/5 , 40 , "Consumo Birra" , $Nero );

// disegna coordinate x,y
imageline($Immagine,0,$Altezza - $Legenda , $Larghezza , $Altezza - $Legenda ,$Nero);
imageline($Immagine,$SpazioAsseY, 0 , $SpazioAsseY , $Altezza ,$Nero);

// valori e linee x
for($z= 100; $z < 401; $z+=100){
imageline($Immagine, 0 ,($Altezza - $Legenda) - $z , $Larghezza , ($Altezza - $Legenda) - $z,$Nero);
imagestring ($Immagine,5 , 5 , $z , (($Altezza - $z) - $Legenda) *2 , $Nero );
}

// copia il bicchiere all'interno del grafico
// dimensionandolo in modo proporzionale al consumo della nazione
$PosizioneX = $SpazioAsseY + $SpazioFraBicchieri;
        for($z=0; $z < 4; $z++){
        $PosizioneY = $Altezza - ($Legenda + $NazConsumo[$z] * $ScalaGrafico);
        imagecopyresampled($Immagine,$BicchiereBirra,
```

```
            $PosizioneX, $PosizioneY , // x,y destinazione
            0,0, // x,y sorgente
            $DimOrizzBicchieri[$z]*$ScalaGrafico,$NazConsumo[$z]*$ScalaGrafico,// largh./alt. destinazione
            $BBx,$BBy // larghezza e altezza sorgente
            );

// copia immagine della nazione
$NazX = $PosizioneX + ($DimOrizzBicchieri[$z] * $ScalaGrafico *.25);
$NazY = $Altezza -($Legenda - 5);

imagecopyresampled($Immagine,$Nazioni[$z],
            $NazX, $NazY, // x,y destinazione
            0,0, // x,y sorgente
            60, 60, // larghezza e altezza destinazione
            60,60 // larghezza e altezza sorgente
            );
// incrementa la posizione x per determinare il punto di copia del boccale successivo
$PosizioneX = $PosizioneX + $SpazioFraBicchieri + $DimOrizzBicchieri[$z]* $ScalaGrafico;

// testo del consumo disegnato sul boccale
imagestring($Immagine,5,$NazX,$NazY-$DimOrizzBicchieri[$z]*$ScalaGrafico,$NazConsumo[$z],$Nero );
}

imagepng($Immagine); // al browser
imagepng($Immagine,"es_103_Consumo_Birra.png"); // salva
imagedestroy($Immagine); // libera memoria
?>
```
Risultato:

es_104_torta superfici_nazioni

Con imagefilledellipse() sono create delle circonferenze proporzionali alle loro superfici delle nazioni dell'esempio precedente.
Alle circonferenze viene dato l'effetto 3d agendo sul valore Y del centro, quindi con la costante di colore speciale IMG_COLOR_TILED disegnato l'interno con l'immagine delle rispettive nazioni e su questo la dimensione della superficie con testo effetto ombra.
Per il testo è caricato il carattere arial.ttf, posto alla dimensione 20 ed obliquo 27 gradi.
Con stesso carattere, ma in orizzontale (obliquo 0 gradi) è disegnato il titolo.

L'esempio è una pagina HTML perfettamente funzionante.

```
<?php //es_104_torta superfici_nazioni
$Immagine = imagecreate(950, 320); // Crea immagine
$ColoreSfondoImmagine = imagecolorallocate($Immagine, 200, 200, 200); // colore di fondo
```

```php
// colori per circonferenze ed etichette testuali
$Nero = imagecolorallocate($Immagine, 0, 0, 0); // ombra del testo e circonferenza
$Rosso = imagecolorallocate($Immagine, 255, 0, 0); // colore testo del titolo
$Giallo = imagecolorallocate($Immagine, 255, 255, 0); // colore testo delle circonferenze

// Carica immagini delle nazioni
$Nazione[0] = imagecreatefrompng('nazioni/Italia.png');
$Nazione[1] = imagecreatefrompng('nazioni/Francia.png');
$Nazione[2] = imagecreatefrompng('nazioni/Spagna.png');
$Nazione[3] = imagecreatefrompng('nazioni/Germania.png');

// centro delle circonferenze
$y = 155;
$x[0] = 90; // Italia
$x[1] = 320; // Francia
$x[2] = 600; // Spagna
$x[3] = 840; // Germania

// dimensione delle circonferenze e dimensione delle superfici nazionali
$Diametro[0] = 150.5; // Italia
$Diametro[1] = 273.5; // Francia
$Diametro[2] = 252; // Spagna
$Diametro[3] = 187.5; // Germania

for($N =0; $N<4 ; $N++){ // crea le circonferenze

// effetto 3D ridisegnando perimetro delle circonferenze, con valori diversi per superfici diverse.
for($p=0;$p< $Diametro[$N]/25;$p++)
{imageellipse($Immagine, $x[$N]+$p, $y+$p, $Diametro[$N], $Diametro[$N], $Nero);}

// Setta l'immagine $Nazione[$N] per il riempimento del cerchio
// impostando l'immagine per essere utilizzati da tutte le funzioni di riempimento
// imagefill () e imagefilledpolygon () o con il colore speciale IMG_COLOR_TILED.
imagesettile($Immagine, $Nazione[$N]);

// disegna il cerchio con rimepimeto $Nazione[$N]
imagefilledellipse($Immagine, $x[$N], $y, $Diametro[$N], $Diametro[$N], IMG_COLOR_TILED);
        }

// parametri della funzione imagettftext() per il titolo
$DimensioneFont = 20; $Font = "font/arial.ttf";    $Testo = "Superficie nazioni in Kmq";
$Angolo = 0; $xStart = 7; $yStart= 32; // disegna Titolo

// disegna ombra della stringa del titolo
imagettftext($Immagine, $DimensioneFont, $Angolo, $xStart, $yStart, $Nero, $Font, $Testo);

// disegna la stringa del titolo
imagettftext($Immagine, $DimensioneFont, $Angolo, $xStart-2, $yStart-2, $Rosso, $Font, $Testo);

// parametri fissi della funzione imagettftext() testo sulle circonferenze
$DimensioneFont = 22; $Angolo = 27; $y = 193;
$StartX[0] = 20; $TESTO[0] = "301340 Kmq"; // Italia
$StartX[1] = 250; $TESTO[1] = "547030 Kmq"; // Francia
$StartX[2] = 540; $TESTO[2] = "504782 Kmq"; // Spagna
$StartX[3] = 770; $TESTO[3] = "357021 Kmq"; // Germania

        for($z=0; $z<4; $z++){ // disegna ombra x $TESTO[$Z]
            imagettftext($Immagine, $DimensioneFont, $Angolo, $StartX[$z], $y, $Nero, $Font, $TESTO[$z]);

// disegna x $TESTO[$Z]
imagettftext($Immagine, $DimensioneFont, $Angolo, $StartX[$z]-3, $y-3, $Giallo, $Font, $TESTO[$z]);
        }

imagepng($Immagine, "es_104_torta superfici_nazioni.png"); // salva immagine
imagedestroy($Immagine); for($z=0;$z<3;$z++){imagedestroy($Nazione[$z]); }// libera memoria
?>
```

```
<!doctype html><html><head><meta charset="utf-8"></head><body>
<!-- legge il grafico appena creato e lo mette a video -->
<img src="es_100_Torte_superfici_nazioni.png">
</body></html>
```
Risultato:

Grafici a torta

Il grafico circolare (noto come grafico a torta, areogramma, o diagramma a torta) è un metodo utile alla rappresentazione di valori misurabili su classi di categorie, al fine di evitare di stabilire, anche involontariamente, un ordine che non esiste.

Il grafico a torta viene costruito dividendo una circonferenza in spicchi le cui dimensioni angolari sono proporzionali a ciascun valore rappresentato nel grafico.

Quando i valori rappresentati con questo tipo di grafico sono più di uno, ognuno di essi sarà riprodotto come frazione di 360 che sono i gradi dell'angolo giro.

Per i grafici a torta con GD, occorrono funzioni che disegnano archi di cerchio centrati alle coordinate, cioè imagearc() e imagefilledarc() con le sue costanti.

Il sistema considera l'inizio della circonferenza, 0 gradi, a partire da ore 3 avanzando in senso orario, a ore 6 abbiamo 90 gradi, ore 9, 180 gradi e così via fino alla circonferenza completa.

Da programmazione è possibile far iniziare il primo spicchio della torta dove è ritenuto più opportuno anche se nella maggior parte dei casi non è necessario.

Nel caso di grafici con numerose voci, e quindi altrettanti spicchi di torta, può capitare che sul monitor questi non vengano ben apprezzati nelle loro dimensioni per aver sbagliato la scelta dei colori contigui.

Sempre con voci molteplici, in grafici creati dinamicamente, la quantità dei colori può risultare insufficiente. In questo caso è buona norma instaurare un meccanismo che permetta allocare automaticamente i colori meglio se in tinte contrastanti fra loro.

es_105_grafico_a_torta_basilare

Creata l'immagine sono dichiarate le variabili per lo script:

- array $Valori, qualità che saranno rappresentate nel grafico.
  Sono 6 quantità ma potrebbero essere di una quantità arbitraria.
- $Totale, somma totale delle grandezze da raffigurare.
  Il contenute di questa variabile consentirà, attraverso due proporzioni, di conoscere la percentuale di ciascuna quantità sul totale.
  I valori saranno, rispettivamente, in centesimi e 360esimi dell'angolo giro.
- $Raggio, lunghezza del raggio, il valore è stabilito come la larghezza dell'immagine-200 pixel, ma potrebbe essere diverso purché non faccia debordare la circonferenza dalle dimensioni dell'immagine contenitore.
- $Bianco e $Nero, colori usati per sfondo immagine, testo e grafico.
- $Cx e $Cy, posizione, in pixel, del centro della circonferenza.
- $Nu, posizione verticale di scrittura del testo con i valori elaborati
- $InizioArco, valore in gradi, punto di inizio degli archi

```php
<?php // es_105_grafico_a_torta_basilare
$Larghezza = 500; $Altezza = 500; // dimensione immagine
$Immagine = imagecreate($Larghezza, $Altezza);
```

```
$Valori = array (11, 14, 31, 71, 29, 37); // valori per il grafico a torta
$Totale = array_sum($Valori); // totale dei valori rappresentati
$Raggio = $Larghezza-200; // raggio del grafico a torta

$Bianco = imagecolorallocate($Immagine, 255, 255, 255); // colore sfondo
$Nero = imagecolorallocate($Immagine, 0, 0, 0); // colore grafico e testo

$Cx = $Larghezza/2; // centro x// centro del grafico
$Cy = $Altezza/2 + 50; // centro y (+50 su asse y sposta la circonferenza in basso)

$Nu = 0; // posizione verticale stringa legenda, per incrementare posizione verticale

$InizioArco = 0; // valore in gradi, corrispnde a ore 3. ore 6 = 90 gradi ecc.

foreach($Valori as $V) { // scorre array contenete i valori
$Arco = number_format((360 * $V) / $Totale); // dimensioni arco corrente
$Percentuele = number_format(($V * 100) / $Totale, 3, '.', ''); // percentuale sul totale del valore corrente

// scrive i valori in modo testuale
imagestring($Immagine,15,10,10+$Nu,"Valore=$V-Valore in %=$Percentuele-Arco gradi=$Arco",$Nero);

$Nu+=20; // prepara nuova posizione di scrittura, 20 pixel più in basso

        imagefilledarc($Immagine, // disegna l'arco
                $Cx, $Cy, // centro x,y della circonferenza
                $Raggio, // raggio di inizio arco
                $Raggio, // raggio di fine arco
                $InizioArco,
                ($InizioArco + $Arco), // fine arco
                $Nero, IMG_ARC_EDGED | IMG_ARC_NOFILL // colore margini senza riempimento
                );

$InizioArco += $Arco; // inizio nuovo arco
        }


header("Content-Type: image/png");
imagepng($Immagine,"es_105_grafico_a_torta_basilare.png"); // salva
imagepng($Immagine); // al browser
imagedestroy($Immagine); // libera memoria
?>
```

Risultato:

```
Valore = 11 - Valore in % = 5.699 - Arco gradi = 21
Valore = 14 - Valore in % = 7.254 - Arco gradi = 26
Valore = 31 - Valore in % = 16.062 - Arco gradi = 58
Valore = 71 - Valore in % = 36.788 - Arco gradi = 132
Valore = 29 - Valore in % = 15.026 - Arco gradi = 54
Valore = 37 - Valore in % = 19.171 - Arco gradi = 69
```

Scelta dei colori per i grafici a torta

Utilizzare colori che ben contrastino fra loro è un buon modo per presentare un grafico, se poi l'insieme di questi colori è anche gradevole, ancora meglio.
Un problema che può presentarsi con grafici creati dinamicamente è la quantità di valori e quindi di colori che non possiamo conoscere a priori.
Nei grafici creati dinamicamente non sempre è possibile sapere in precedenza la quantità dei diversi valori che compongono il grafico e quindi nemmeno dei colori da poter usare.
A questa difficoltà sopperisce uno script PHP che mostra, per un range stabilito, i colori fra i quali scegliere.
Lo stesso script, preparato come funzione, può creare colori in quantità adeguata.

es_106_generatore_colori

Le variabili alle quali è necessario cambiare i valori per vedere scale di colori diverse sono:

- $Inizio = 100. Colore iniziale, messo a 100.
  Sono creati 195 colori partendo da 100, variando $Inizio vengono mostrati colori di "zone" diverse.
- $nR =0; $nG =2; $nB =4;.
  Durante l'esecuzione, lo script crea un numero esadecimale di 32 cifre (visti come stringa).
  Alle posizioni 0,2,4 vengono prelevati i tre valori per i canali colore RGB.

Cambiando il valore di queste variabili, cambiano i colori della scala mostrata.

```php
<?php // es_106_generatore_colori
function GeneraColori($NumeroCorrente, $nR , $nG , $nB) {
$Xm32exa = md5('color' . $NumeroCorrente); // Restituisce come numero esadecimale di 32 cifre.
// preleva codici per colore, crea e restituisce array come r g b
return array(hexdec(substr($Xm32exa, $nR, 2)), hexdec(substr($Xm32exa, $nG, 2)),
hexdec(substr($Xm32exa, $nB, 2)));
}
$Inizio = 100; // colore iniziale
$RangeColori = range($Inizio, $Inizio + 195);
$Larghezza = 800; $Altezza = 600;

$Immagine = imagecreatetruecolor($Larghezza, $Altezza); // crea immagine
$Nero = imagecolorallocate($Immagine,0,0,0);// colore del testo scrivere sui rettangoli
$nR =0; $nG =2; $nB =4; // punto stringa esadecimale di 32 cifre dove leggere il colore
$X = 0; $Y = 0; // posizione del rettangolo colorato

        foreach ($RangeColori as $NumeroCorrente) // scorre array range colori
        list($r,$g,$b) = GeneraColori($NumeroCorrente, $nR , $nG , $nB); // restituisce array per il colore
        $Colore = imagecolorallocate($Immagine, $r, $g, $b); // alloca il colore
        imagefilledrectangle($Immagine, // scrive il rettangolo del colore corrente

100 * $X, $Y, // vertice in alto a sinistra del rettangolo
100 * ($X + 1), $Y +50, // // vertice in basso a destra del rettangolo
        $Colore
        );

// etichette descrittive per rettangolo/colore
imagestring($Immagine, 3, 100 * $X, $Y, "$NumeroCorrente",$Nero); // numero colore
imagestring($Immagine, 3, 100 * $X, $Y+15, "$r,$g,$b",$Nero); // componenti r,g,b

$X++; // nuovo rettangolo/colore

if($X == 8){$X = 0; $Y = $Y + 50;} // nuova riga
}

header('Content-Type: image/png');
imagepng($Immagine,"es_106_generatore_colori.png"); // salva
```

```php
imagepng($Immagine); // al browser
imagedestroy($Immagine); // libera memoria
?>
```
Risultato:

100 130,94,64	101 91,178,54	102 218,244,140	103 166,17,245	104 248,82,22	105 195,151,31	106 182,42,183	107 192,152,161
108 87,142,158	109 164,1,135	110 117,227,134	111 132,74,237	112 17,253,37	113 46,196,245	114 180,177,67	115 38,130,39
116 216,5,190	117 176,68,136	118 93,215,244	119 237,115,19	120 38,254,113	121 5,226,18	122 186,7,45	123 225,34,214
124 92,61,65	125 31,234,94	126 97,8,113	127 198,171,64	128	129 66,59,186	130 14,158,57	131 76,119,241
132 152,253,243	133 79,214,182	134 126,16,37	135 64,199,153	136 190,149,49	137 150,17,117	138 53,216,26	139 150,159,113
140 112,40,86	141 204,79,232	142 219,232,100	143 214,189,122	144 64,246,161	145 126,56,39	146 148,160,112	147 8,156,5
148 22,80,71	149 192,200,252	150 24,142,190	151 125,188,28	152 171,144,53	153 110,126,68	154 189,19,227	155 136,252,46
156 223,52,165	157 17,173,166	158 171,220,123	159 170,173,240	160 248,45,231	161 221,168,255	162 129,74,247	163 198,12,244
164 150,65,141	165 252,188,98	166 237,233,41	167 100,58,36	168 88,76,254	169 35,157,178	170 48,139,43	171 136,209,48
172 216,43,169	173 216,244,127	174 226,206,3	175 187,73,226	176 52,44,181	177 150,193,223	178 158,28,153	179 209,222,158
180 43,69,87	181 62,51,215	182 13,139,181	183 250,152,35	184 40,189,78	185 26,186,58	186 109,171,67	187 99,28,158
188 184,99,21	189 62,143,206	190 118,175,67	191 247,179,146	192 224,216,121	193 158,97,19	194 118,154,137	195 146,194,79

I colori di una legenda possono non essere ben leggibili, creare confusione o risultare sgradevoli rispetto allo sfondo ed agli altri contenuti della pagina.

Per la scelta colori, oltre allo script precedente è possibile usare il canale Alpha applicato al testo.

Posizionamento valori intorno al grafico a torta

Nei grafici a torta la legenda, o parte di essa (solitamente la percentuale di ciascun valore) è leggibile subito al di fuori del grafico, all'estremità esterna di ciascun arco.

Per poter presentare questo tipo di legenda occorre che nello script vengano effettuati i calcoli necessari a stabilire i punti dove mostrare i dati.

Da un punto di vista tecnico, un grafico a torta (o diagramma circolare) è una circonferenza.

Tale circonferenza è disegnata su di un piano cartesiano con punto d'origine x=0, y=0 in alto a sinistra.

Della circonferenza conosciamo il centro X,Y sul piano cartesiano, ed il raggio.

Questo diagramma circolare è suddiviso in spicchi le cui ampiezze angolari, e quindi gli archi, sono proporzionali ai valori rappresentati.

Degli archi conosciamo la quantità e quindi possiamo calcolarne gli estremi.

Per inserire i valori intorno alla circonferenza ed in corrispondenza degli archi, occorre calcolare le coordinate sul piano cartesiano, del punto dell'arco che ci interessa.

Con le seguenti operazioni è calcolato il punto X,Y d'inizio dell'arco.

- Convertire il numero di gradi in equivalenti radianti e calcolarne il coseno ed il seno.
    - cos = cos(deg2rad(InizioArco)); sin = sin(deg2rad(InizioArco));
- Calcolare i punti X,Y sul piano cartesiano.
    - X = round(cos*(0) - sin*(Raggio));
    - Y = round(sin*(0) + cos*(Raggio));

Conosciuti questi punti, occorre tenere presente che:

- Con GD gli archi sono in senso orario, mentre in trigonometria in senso antiorario.
- Su schermo l'origine X,Y è in alto a sinistra.
- La scrittura dati, ai punti X,Y calcolati, avviene da sinistra verso destra e potrebbe andare a sovrapporsi al grafico stesso.

es_108_diagramma_circolare_con_legende_circolari_e_standard

http://www.taccetti.net/web/phpgd2/index.php?id=116

Il diagramma circolare seguente descrive i valori della tabella seguente:

Tab es. 108   Produzione italiana quintali d'olio, anno 2006

Abruzzo	Calabria	Campania	Lazio	Puglia	Sicilia	Toscana	Umbria	Altri
204717	2080943	338591	248514	1914535	488027	171205	138602	209000

Al di fuori di ogni arco verrà scritto il nome abbreviato della regione e la sua percentuale di produzione.

Queste le variabili e funzione usate:

- $Larghezza, larghezza dell'immagine, trattandosi di un'immagine quadrata l'altezza è identica.
- $Raggio,raggio del diagramma circolare.
- $Regioni, array con nomi delle regioni
- $Valori, array() con valori numerici delle quantità prodotte.
- $Totale, quantità totale prodotta.
- $Colori, array() dei colori utilizzati nel diagramma circolare.
- $ColoreIniziale, numero del colore dal quale inizia la serie colori da implementare.
- $Nero, colore per effetto 3d al testo.
- $Cx, centro X diagramma circolare riferito alle coordinate del piano cartesiano.
- $Cy, centro Y diagramma circolare riferito alle coordinate del piano cartesiano.
- $SL, spostamento Legenda Circolare rispetto al diagramma.
- $InizioArco, valore in gradi inizio primo arco, zero corrisponde a ore 3
  Cambiare questo valore (espresso in gradi) per ruotare il diagramma circolare
- $Font, tipo di carattere ttf per i testi del grafico.
- $PosOriz e $PosVert, posizione avvio legenda testuale in basso
- $FontDim, dimensione font.
- $FontRotLC, rotazione font in legenda circolare
- $FontRot , rotazione font NON di legenda circolare.
- $Arco, dimensioni angolo/arco corrente.
- $Percentuale, percentuale del valore corrente sul totale
- $RadX, vertice arco corrente, posizione X sul piano cartesiano.
- $RadY, vertice arco corrente, posizione Y sul piano cartesiano
- IMG_ARC_PIE, costante della funzione imagefilledarc()
  Connette gli estremi degli archi con una linea curva.
  L'area circoscritta (centro ed estremi degli archi) riempita del colore stabilito nella funzione.

La funzione:function GeneraColori($Numero), genera una sequenza di colori diversi a partire da $Numero

```php
<?php // es_108_diagramma_circolare_con_legende_circolari_e_standard
function GeneraColori($Numero) {
$Num32exa = md5('color' . $Numero); // Restituisce come numero esadecimale di 32 cifre.

// preleva codici per colore, crea e restituisce array come r g b
return
array(hexdec(substr($Num32exa,0,2)),hexdec(substr($Num32exa,2,2)),hexdec(substr($Num32exa,4,2)));
}

$Larghezza = 600; $Altezza = $Larghezza;
$Immagine = imagecreate($Larghezza, $Altezza);
imagecolorallocate($Immagine, 254, 254, 233); // sfondo
$Raggio = 300;

$Regioni = array('Abruzzo','Calabria','Campania','Lazio','Puglia','Sicilia','Toscana','Umbria','Altri');
$Valori = array (204717, 2080943, 338591, 248514, 1914535, 488027,171205,138602,209000);
$Totale = array_sum($Valori); // totale quintali rappresentati

$Colori = array();
$ColoreIniziale = 18;
for($i=$ColoreIniziale; $i < ($ColoreIniziale+ count($Valori)); $i++)
```

```
{$ColoreRGB = GeneraColori($i , $ColoreIniziale+ count($Valori)); // genera colori
$Colori[] = imagecolorallocate($Immagine, $ColoreRGB[0], $ColoreRGB[1], $ColoreRGB[2]);
}

$Nero = imagecolorallocate($Immagine, 0, 0, 0); // colore per effetto 3d al testo
$Cx = $Larghezza/2; // centro x
$Cy = $Altezza/2 -60; // centro y
$SL = .70; // Spostamento Legenda Circolare
$InizioArco = 60; // valore in gradi inizio primo arco, zero corrisponde a ore 3
$Font = "font/arial.ttf"; // Tipo di carattere per i testi nel grafico
$PosOriz = 0; $PosVert = 490; // Posizione avvio legenda testuale in basso
$FontDim = 12; $FontRotLC = 5; $FontRot = 0; // font, dimensione e rotazione legende circolare e orizontale


// titolo del grafico
imagettftext ($Immagine, 18 , 0 , 50 , 22 , $Nero , $Font , "Produzione italiana quintali d'olio, anno 2006");

foreach($Valori as $index => $V ) { // scorre array $Valori e $Colori, disegnando gli archi
        $Arco = number_format((360 * $V) / $Totale); // dimensioni angolo/arco corrente
        $Percentuale=number_format(($V*100)/$Totale, 2, '.', ''); //percentuale sul totale del valore corrente

        imagefilledarc($Immagine,
                $Cx, $Cy, // coordinate x,y del centro
                $Raggio, $Raggio,
                $InizioArco,
                ($InizioArco + $Arco), // fine arco
                $Colori[$index], // colore corrente
                IMG_ARC_PIE // Connette angoli, area circoscritta è riempita con $Colori[$index]
                        );
$VerticeArco = ($InizioArco + $Arco/2) + 90; // promo arco inizio ore 3

// *** calcola X,Y sul piano cartesaino dei vertici archi per legenda circolare ***
$sin = sin(deg2rad($VerticeArco)); $cos = cos(deg2rad($VerticeArco)); // seno e coseno in radianti
$RadX = round($cos*(0) - $sin*($Raggio * $SL * -1)); //Vertice arco corr., posizione X su piano cartesiano
$RadY = round($sin*(0) + $cos*($Raggio * $SL * -1)); //Vertice arco corr., posizione Y su piano cartesiano

// LEGENDE INIZIO //////////
imageline ($Immagine, $Cx, $Cy, $Cx + $RadX, $Cy + $RadY, $Colori[$index] );// segmento grafico/testo


// etichette intorno al grafico con nomi regione e percentuali
imagettftext ($Immagine, $FontDim , $FontRotLC , $Cx + $RadX - 14 , $Cy + $RadY+1 , $Nero , $Font ,
substr($Regioni[$index],0,3)." ".$Percentuale."%");

imagettftext ($Immagine, $FontDim , $FontRotLC , $Cx + $RadX - 15 , $Cy + $RadY , $Colori[$index] ,
$Font , substr($Regioni[$index],0,3)." ".$Percentuale."%");

// Posizioni progressive legenda testuale in basso
imagettftext ($Immagine, $FontDim , $FontRot , 40 + $PosOriz +1 , $PosVert + $index *25 +1 , $Nero ,
$Font , $Regioni[$index]." q.li = ".$V);

imagettftext ($Immagine, $FontDim , $FontRot , 40 + $PosOriz , $PosVert + $index *25 , $Colori[$index] ,
$Font , $Regioni[$index]." q.li = ".$V);

if($index > 3){$PosOriz = 350; $PosVert = 364;};
// // LEGENDE FINE //////////

        $InizioArco += $Arco; // inizio nuovo arco
        }

header("Content-Type: image/png");
imagepng($Immagine,"es_108_diagramma_circolare_con_legende_circolari_e_standard.png"); // salva
imagepng($Immagine); // al browser
imagedestroy($Immagine); // libera memoria
```

?>Risultato:

Produzione italiana quintali d'olio, anno 2006

Abruzzo q.li = 204717
Calabria q.li = 2080943
Campania q.li = 338591
Lazio q.li = 248514
Puglia q.li = 1914535

Sicilia q.li = 488027
Toscana q.li = 171205
Umbria q.li = 138602
Altri q.li = 209000

Utilizzando i valori restituiti della formula che calcola il vertice dell'arco sul piano cartesiano è possibile estrarre uno o più spicchi a piacere dal diagramma circolare.

Per farlo è anche necessario stabilire quali spicchi debbano essere mostrati estratti e la distanza di ciascono di loro dal centro del grafico.

es_109_estrarre_settori_di_diagramma_circolare

Il seguente diagramma circolare viene composto su di un'immagine quadrata, non c'è alcun titolo nè legenda che non servono in questo contesto.

I nomi dei valori sono le lettere da A ad L comprese ed i valori sono i primi 12 numeri primi.

Queste le variabili e funzioni usate:

- $Larghezza, larghezza dell'immagine, trattandosi di un'immagine quadrata l'altezza è identica.
- $Raggio, raggio del diagramma circolare.
- $Nome, array nomi dei settori
- $Valore, array() con valori numerici dei rispettivi $Nome().
- $Totale, totale contenuto nell'array $Valore.
- $Colori, array() dei colori utilizzati nel diagramma circolare.
- $ColoreIniziale, numero del colore dal quale inizia la serie colori da implementare.
- $Cx, centro X diagramma circolare riferito alle coordinate del piano cartesiano.
- $Cy, centro Y diagramma circolare riferito alle coordinate del piano cartesiano.
- $InizioArco, valore in gradi inizio primo arco, zero corrisponde a ore 3
  Cambiare questo valore (espresso in gradi) per ruotare il diagramma circolare
- $Font e $FontDim, Tipo di carattere e dimensione font
- $Arco, dimensioni angolo/arco corrente.
- $Percentuale, percentuale del valore corrente sul totale
- $RadX, vertice arco corrente, posizione X sul piano cartesiano.
- $RadY, vertice arco corrente, posizione Y sul piano cartesiano
- IMG_ARC_PIE, costante della funzione imagefilledarc()
  Connette gli estremi degli archi con una linea curva.
  L'area circoscritta (centro ed estremi degli archi) riempita del colore stabilito nella funzione GeneraColori($Numero)
- $estr, scala della quantità estrazione spicchio
- $Linea, scala dimensioni delle linee che congiungono vertice archi e testo legenda circolare
- $OrientamentoTesto, orientamento testo (inclinazione) nella legenda circolare

La funzione function GeneraColori($Numero), genera una sequenza di colori diversi a partire da $Numero

```php
<?php // es_109_estrarre_settori_di_diagramma_circolare
function GeneraColori($Numero)
{
$Num32exa = md5('color' . $Numero); // Restituisce come numero esadecimale di 32 cifre.
// preleva codici per colore, crea e restituisce array come r g b
return
array(hexdec(substr($Num32exa,0,2)),hexdec(substr($Num32exa,2,2)),hexdec(substr($Num32exa,4,2)));
}

$Larghezza = 800; $Altezza = $Larghezza;
$Immagine = imagecreate($Larghezza, $Altezza);
imagecolorallocate($Immagine, 254, 254, 233); // sfondo

$Raggio = 350;


$Nome = array('A','B','C','D','E','F','G','H','I','J','K','L'); // nome dei settori
$Valore = array (1,31,2,29.3,23,5,19,7,17,11,13); // valore dei settori
$Totale = array_sum($Valore); // totale valore rappresentato

$Colori = array();
$ColoreIniziale = 18;
for($i=$ColoreIniziale; $i < ($ColoreIniziale+ count($Valore)); $i++)
{
$ColoreRGB = GeneraColori($i , $ColoreIniziale+ count($Valore)); // genera colori
$Colori[] = imagecolorallocate($Immagine, $ColoreRGB[0], $ColoreRGB[1], $ColoreRGB[2]);
}

$Cx = $Larghezza/2; // centro x
$Cy = $Altezza/2; // centro y

$InizioArco = 0; // valore in gradi inizio primo arco, zero corrisponde a ore 3

$Font = "font/arial.ttf"; $FontDim = 12; // Tipo di carattere e dimensione font

foreach($Valore as $index => $V ) { // scorre array $Valore e $Colori, disegnando gli archi
$Arco = number_format((360 * $V) / $Totale); // dimensioni angolo/arco corrente
$Percentuale = number_format(($V * 100) / $Totale, 2, '.', ''); // percentuale sul totale del valore corrente

$VerticeArco = ($InizioArco + $Arco/2) + 90; // primo arco inizio ore 3

// *** calcola X,Y sul piano cartesaino dei vertici archi per legenda circolare ***
$sin = sin(deg2rad($VerticeArco)); $cos = cos(deg2rad($VerticeArco)); // seno e coseno in radianti
$RadX = round($cos*(0) - $sin*($Raggio * -1)); // Vertice arco corrente, posizione X sul piano cartesian
$RadY = round($sin*(0) + $cos*($Raggio * -1)); // Vertice arco corrente, posizione Y sul piano cartesiano

$estr = 0;// scala della quntità estrazione spicchio

if($index == 1 or $index == 6){$estr = .05;} // estrae elementi 2 e 7 (il conterggio è da ZERO) di .05
if($Nome[$index] == 'J' or $Nome[$index] == 'D'){$estr = .1;} // estrae elementi J e D di .1

        imagefilledarc($Immagine, // disegna il diagramma circolare
                $Cx + $RadX * $estr, $Cy + $RadY * $estr, // coordinate x,y del centro
                $Raggio, $Raggio,
                $InizioArco,
                ($InizioArco + $Arco), // fine arco
                $Colori[$index], // colore corrente
                IMG_ARC_PIE // Connette angoli, area circoscritta è riempita con $Colori[$index]
                );

$Linea = .8;// scala dimensioni linea

// segmento diagramma circolare/testo
        imageline ($Immagine,
                $Cx + $RadX * $estr, $Cy + $RadY * $estr, // x,y inizio linea
                $Cx + $RadX * $Linea, $Cy + $RadY * $Linea, // x,y fine linea
```

```
                $Colori[$index]
                );
```

// legenda circolare
$OrientamentoTesto = -20 * $sin; // orientamento testo
imagettftext ($Immagine,$FontDim, $OrientamentoTesto, $Cx + $RadX * $Linea, $Cy + $RadY* $Linea,
$Colori[$index], $Font, $Nome[$index].":$V:".$Percentuale."%");

$InizioArco += $Arco; // inizio nuovo arco
                }

header("Content-Type: image/png");
imagepng($Immagine,"es_109_estrarre_settori_di_diagramma_circolare.png"); // salva immagine
imagepng($Immagine); // al browser
imagedestroy($Immagine); // libera memoria
?>Risultato:

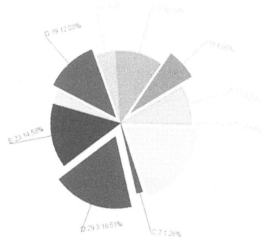

Con minimi cambiamenti rispetto a es_108_diagramma_circolare_con_legende_circolari_e_standard è
possibile creare l'effetto 3d.
Il grafico si basa sui valori della tabella dell'esempio 108 visto in precedenza.

es_110_diagramma_circolare_3d

http://www.taccetti.net/web/phpgd2/index.php?id=117

```php
<?php // es_110_diagramma_circolare_3d

function GeneraColori($Numero) {
        $Num32exa = md5('color' . $Numero); // Restituisce come numero esadecimale di 32 cifre.

// preleva codici per colore, crea e restituisce array come r g b
return array(hexdec(substr($Num32exa,0,2)),hexdec(substr($Num32exa,2,2)),
hexdec(substr($Num32exa,4,2)));
}

$Larghezza = 600; $Altezza = $Larghezza;
$Immagine = imagecreate($Larghezza, $Altezza);
$ColoreSfondo = imagecolorallocate($Immagine, 254, 254, 233);
imagefilledrectangle($Immagine,0, 0, $Larghezza, $Altezza, $ColoreSfondo);
$Raggio = 300;
$Regioni = array('Abruzzo','Calabria','Campania','Lazio','Puglia','Sicilia','Toscana','Umbria','Altri');
$Valori = array (204717, 2080943, 338591, 248514, 1914535, 488027,171205,138602,209000);
$Totale = array_sum($Valori); // totale quintali rappresentati
```

```php
$Colori = array();
$ColoreIniziale = 18;
for($i=$ColoreIniziale; $i < ($ColoreIniziale+ count($Valori)); $i++)
{$ColoreRGB = GeneraColori($i , $ColoreIniziale+ count($Valori)); // genera colori
$Colori[$i - $ColoreIniziale] = imagecolorallocate($Immagine, $ColoreRGB[0], $ColoreRGB[1],
$ColoreRGB[2]);

// Sposta verso destra i bit canale colore
$Colori[$i] = imagecolorallocate($Immagine, $ColoreRGB[0]>>1, $ColoreRGB[1]>>1,
$ColoreRGB[2]>>1);//colore per 3D
}

$Nero = imagecolorallocate($Immagine, 0, 0, 0); // colore per effetto 3d al testo

$Cx = $Larghezza/2; // centro x
$Cy = $Altezza/2 -60; // centro y
$SL = .70; // Rotazione Legenda circolare

$InizioArco = 60; // valore in gradi inizio primo arco, zero corrisponde a ore 3

// Tipo di carattere per i testi nel grafico
$Font = "font/arial.ttf";

// Posizione avvio legenda testuale in basso
$PosOriz = 0; $PosVert = 490;

// font, dimensione e rotazione legende circolare e orizontale
$FontDim = 12; $FontRotLC = 5; $FontRot = 0;

// titolo del grafico
imagettftext ($Immagine, 18 , 0 , 50 , 22 , $Nero , $Font , "Produzione Laziona quintali d'olio, anno 2006");

//////// EFFETTO 3D - inizio - ////////
/*
crea l'effetto tridimensionale
la variabile $i sposta sull'asse Y il centro della circonferenza del quale l'arco fa parte
disegnando 30 circonferenze formate da archi dei colori corrispondenti alle regioni
IMG_ARC_NOFILL indica che l'arco che congiunge l'angolo di partenza e quello di arrivo
sono sottolineati ma non è riempita l'area circoscritta.
notare che vengono usate le tonalità scure colori
*/

for($i= 0;$i<30;$i++){

foreach($Valori as $index => $V ) { // scorre array $Valori e $Colori, disegnando gli archi per effetto 3D
        $Arco = number_format((360 * $V) / $Totale); // dimensioni angolo/arco corrente

        imagefilledarc($Immagine,
                $Cx, $Cy + $i, // coordinate x,y del centro
                $Raggio, $Raggio,
                $InizioArco,
                ($InizioArco + $Arco), // fine arco
                $Colori[$index + $ColoreIniziale], // colore corrente per 3D
                IMG_ARC_NOFILL // area circoscritta è riempita con $Colori[$index + $ColoreIniziale]
                        );
$InizioArco += $Arco; // inizio nuovo arco
}
}

imagepng($Immagine,"es_110_diagramma_circolare_3d_1.png"); // salva immagine intermedia
```

Produzione italiana quintali d'olio, anno 2006

Immagine intermedia
dopo applicato effetto 3D

////// EFFETTO 3D - fine - ////////

```
foreach($Valori as $index => $V ) { // scorre array $Valori e $Colori, disegnando gli archi
$Arco = number_format((360 * $V) / $Totale); // dimensioni angolo/arco corrente
$Percentuale = number_format(($V * 100) / $Totale, 2, '.', ''); // percentuale sul totale del valore corrente

        imagefilledarc($Immagine,
                    $Cx, $Cy, // coordinate x,y del centro
                    $Raggio, $Raggio,
                    $InizioArco,
                    ($InizioArco + $Arco), // fine arco
                    $Colori[$index], // colore corrente
                    IMG_ARC_PIE // Connette angoli, area circoscritta è riempita con $Colori[$index]
                    );

        $VerticeArco = ($InizioArco + $Arco/2) + 90; // primo arco inizio ore 3

// *** calcola X,Y sul piano cartesiano dei vertici archi per legenda circolare ***
$sin = sin(deg2rad($VerticeArco)); $cos = cos(deg2rad($VerticeArco)); // seno e coseno in radianti
$RadX = round($cos*(0) - $sin*($Raggio * $SL * -1)); // Vertice arco corrente, posizione X sul piano
cartesiano
$RadY = round($sin*(0) + $cos*($Raggio * $SL * -1)); // Vertice arco corrente, posizione Y sul piano
cartesiano

// LEGENDE INIZIO //////////
imageline ($Immagine, $Cx , $Cy , $Cx + $RadX , $Cy + $RadY , $Colori[$index] );// segmento grafico/testo

// etichette intorno al grafico con nomi regione e percentuali
imagettftext ($Immagine,$FontDim, $FontRotLC, $Cx + $RadX - 14, $Cy + $RadY+1, $Nero, $Font,
substr($Regioni[$index],0,3).".".$Percentuale."%");

imagettftext ($Immagine,$FontDim, $FontRotLC, $Cx + $RadX - 15, $Cy + $RadY, $Colori[$index], $Font,
substr($Regioni[$index],0,3).".".$Percentuale."%");

// Posizioni progressive legenda testuale in bassa

imagettftext ($Immagine, $FontDim, $FontRot, 40 + $PosOriz +1, $PosVert + $index *25 +1, $Nero, $Font,
$Regioni[$index]." q.li = ".$V);

imagettftext ($Immagine, $FontDim, $FontRot, 40 + $PosOriz, $PosVert + $index *25, $Colori[$index],
$Font, $Regioni[$index]." q.li = ".$V);

if($index > 3){$PosOriz = 350; $PosVert = 364;};
// // LEGENDE FINE //////////

$InizioArco += $Arco; // inizio nuovo arco
}

header("Content-Type: image/png");
imagepng($Immagine,"es_110_diagramma_circolare_3d_2.png"); // salva immagine
imagepng($Immagine,PATHPUBLIC."es_110_diagramma_circolare_3d.png"); // salva immagine
imagepng($Immagine); // al browser
imagedestroy($Immagine); // libera memoria
```

?>Risultato:

Produzione italiana quintali d'olio, anno 2006

Abruzzo q.li = 204717   Sicilia q.li = 488027
Calabria q.li = 2080943   Toscana q.li = 171205
Campania q.li = 338591   Umbria q.li = 138602
Lazio q.li = 248514   Altri q.li = 209000
Puglia q.li = 1914535

Risultato finale

Con piccole variazioni è possibile estrarre i settori dell' es_110_grafico_a_torta_3D.

es_111_estrarre_settori_diagramma_circolare_3D

La quantità di estrazione degli spicchi della torta è stabilita dal valore contenuto nella variabile $estr.
Nell'esempio contiene 0.15, questo valore moltiplicato per le coordinate x,y (del piano cartesiano) del centro ne determina l'estrazione.
Variando il contenuto di $estr cambia la dimensione dell'estrazione degli spicchi.

Per ottenere l'effetto 3D, in modo simile all'esempio precedente, "es_110_diagramma_circolare_3d", la variabile $i sposta sull'asse Y il centro della circonferenza del quale l'arco fa parte.
Sono così disegnati più archi dei colori corrispondenti a quelli di ciascuna regione.

```
/// EFFETTO 3D - inizio
/*
La variabile $i sposta sull'asse Y il centro della circonferenza del quale l'arco fa parte disegnando archi dei
colori corrispondenti alle regioni.
Con IMG_ARC_EDGED l'area circoscritta è riempita con $Colori[$index + $ColoreIniziale], notare che
vengono usate le tonalità scure colori.
*/

$estr = .15;
for($i= 0;$i<15;$i++){
foreach($Valori as $index => $V ) { // scorre array $Valori e $Colori, disegnando gli archi
$Arco = number_format((360 * $V) / $Totale); // dimensioni angolo/arco corrente
$VerticeArco = ($InizioArco + $Arco/2) + 90; // primo arco inizio ore 3

// *** calcola X,Y sul piano cartesaino dei vertici archi per legenda circolare ***
$sin = sin(deg2rad($VerticeArco)); $cos = cos(deg2rad($VerticeArco)); // seno e coseno in radianti
$RadX = round($cos*(0) - $sin*($Raggio * -1)); // Vertice arco corrente, posizione X sul piano cartesiano
$RadY = round($sin*(0) + $cos*($Raggio * -1)); // Vertice arco corrente, posizione Y sul piano cartesiano

imagefilledarc($Immagine,
                $Cx + $RadX * $estr, $Cy + $RadY * $estr + $i, // coordinate x,y del centro
                $Raggio, $Raggio,
                $InizioArco,
                ($InizioArco + $Arco), // fine arco
                $Colori[$index + $ColoreIniziale], // colore corrente per 3D
                IMG_ARC_EDGED // area circoscritta è riempita con $Colori[$index + $ColoreIniziale
                );

$InizioArco += $Arco; // inizio nuovo arco
}}
```

imagepng($Immagine,"es_111_estrarre_settori_diagramma_circolare_3D_A.png"); //salva im. intermedia
// EFFETTO 3D - fine -
/*
Adesso occorre disegnare il "coperchio" degli spicchi con gli stessi parametri usati in precedenza.
Contemporaneamente, calcolare il segmento che con origine dal vertice di ciascuno spicchio, ne esce dal
vertice dell'arco opposto.
Al termine del segmento disegnare la legenda relativa a etichetta e valori dello spicchio.
*/

foreach($Valori as $index => $V) { // scorre array $Valori e $Colori, disegnando gli archi

$Arco = number_format((360 * $V) / $Totale); // dimensioni angolo/arco corrente
$Percentuale = number_format(($V * 100) / $Totale, 2, '.', ''); // percentuale sul totale del valore corrente
$VerticeArco = ($InizioArco + $Arco/2) + 90; // primo arco inizio ore 3

// *** calcola X,Y sul piano cartesaino dei vertici archi per legenda circolare ***
$sin = sin(deg2rad($VerticeArco)); $cos = cos(deg2rad($VerticeArco)); // seno e coseno in radianti
$RadX = round($cos*(0) - $sin*($Raggio * -1)); // Vertice arco corrente, posizione X sul piano cartesiano
$RadY = round($sin*(0) + $cos*($Raggio * -1)); // Vertice arco corrente, posizione Y sul piano cartesiano

        imagefilledarc($Immagine, // diagramma circolare
                $Cx + $RadX * $estr, $Cy + $RadY * $estr, // coordinate x,y del centro
                $Raggio, $Raggio,
                $InizioArco,
                ($InizioArco + $Arco), // fine arco
                $Colori[$index], // colore corrente
                IMG_ARC_PIE // Connette angoli, area circoscritta è riempita con $Colori[$index]
                $Linea = .9;// scala dimensioni segmento

// segmento diagramma circolare/testo
                imageline ($Immagine,
                $Cx + $RadX * $estr, $Cy + $RadY * $estr, // x,y inizio segmento
                $Cx + $RadX * $Linea, $Cy + $RadY * $Linea, // x,y fine segmento
                $Colori[$index]
                );

// legenda circolare
imagettftext ($Immagine,$FontDim, 15, $Cx + $RadX * $Linea, $Cy + $RadY* $Linea, $Colori[$index],
$Font, substr($Regioni[$index],0,3).":".$Percentuale."%");

$InizioArco += $Arco; // inizio nuovo arco
}
Risultato:

Immagine intermedia
dopo applicato effetto 3D

Risultato finale

Circonferenze poligoni e stelle

La funzioni imagearc() e imagefilledarc(), oltre alla creazione di diagrammi circolari, circonferenze ed ellissi possono essere utilizzate in molti altri modi, per esempio come maschere per disegnare frasi arcuate.

es_112_frasi_su_circonferenza

http://www.taccetti.net/web/phpgd2/index.php?id=118

Per farlo occorre suddividere una circonferenza (o parte di essa se la frase non deve circoscriverla) in una quantità di settori uguali a quello delle lettere da far comparire.
Per disegnare il testo è possibile usare entrambe le funzioni che GD fornisce.
imagestring() con i caratteri a corredo di GD, obbligatoriamente con lettere in orizzontale o verticale oppure imagepstext() | imagefttext() (in ragione del tipo di TTF usati).
Con questa seconda opzione, oltre a poter scegliere la dimensione dei caratteri in maniera molto più ampia, questi possono essere ruotati rendendo il risultato più armonioso.
La stringa di testo va inserita in una variabile.
L'arco viene disegnato con una quantità di passi (archi) uguale a quello delle lettere.
Per ogni arco viene calcolato, sul piano cartesiano, la posizione x,y, quindi estratta dalla stringa la lettera corrispondente al numero d'ordine del semiarco corrente e disegnata alle coordinate cartesiane citate in precedenza.

Nell'esempio seguente la funzione scrive_su_conferenza() viene chiamata 3 volte scrivendo testo su circonferenze e risultati diversi in ragione dei dati passati.

Il nome delle variabili è autoesplicativo e lo script commentato completamente.:

```php
<?php // es_112_frasi_su_circonferenza
$Frase = isset($_POST['Frase']) ? $_POST['Frase'] : "ABCDEFGHILMNOPQRST";
$ColoreFrase = isset($_POST['ColoreFrase']) ? $_POST['ColoreFrase'] : "Rosso";
$ColoreSfondo = isset($_POST['ColoreSfondo']) ? $_POST['ColoreSfondo'] : "Verde";
$Tratti = isset($_POST['Tratti']) ? $_POST['Tratti'] : "Si";

function scrive_su_conferenza($Immagine, $InclTipo,
                    $Cx,$Cy,
                    $AsseOrizz,$AsseVertic,
                    $Frase,$ColoreTestoCorrente,$Tratti
                    )
{
$Celeste = imagecolorallocate($Immagine,0,255,255); // colori usati nell'esempio
$font = "font/arial.ttf"; $Dim = 20; // tipo e dimensione font
$t = 0; // lettera da estrarre dalla stringa $Frase
$TipoInclinazione = 0;
$N = strlen($Frase); // quantità di caratteri da inserire
$Step = floor(360/$N); // dimensione singolo arco

for($i = 0 ; $i< 360; $i+=$Step){ // inizio creazione archi
        if($Tratti == "Si")// disegna l'arco
        {imagearc($Immagine,$Cx,$Cy,$AsseOrizz,$AsseVertic,$i,$i,$Celeste); }

// tipo di inclinazione della lettera
if($InclTipo == 1){$a = $i-($Step/3 - 90);} // lettere con base rivolta verso il centro
else
{$a = $i+$Step;}// lettere con base rivolta verso la lettera precedente

// calcola, sul piano cartesiano, le coordinate dove disegnare la lettera
$cos = cos(deg2rad($a)); $sin = sin(deg2rad($a)); // calcolo in radianti
$xt = round($cos*(0) - $sin*($AsseOrizz)); // posizione x
$yt = round($sin*(0) + $cos*($AsseVertic)); // posizione y
```

```php
if($Tratti == "Si")// disegna segmento dal centro della circoverenza alla lettera
{imageline ($Immagine, $Cx , $Cy , $Cx+$xt , $Cy+$yt , $Celeste );}

if($InclTipo == 1) // disegna lettere se inclinazione è opzione 1
{imagettftext($Immagine,$Dim, $TipoInclinazione
,$Cx+$xt,$Cy+$yt,$ColoreTestoCorrente,$font,substr($Frase,$t,1));}
else // disegna lettere se inclinazione è opzione diversa da 1
{imagettftext($Immagine,$Dim, 180-($a) ,
$Cx+$xt,$Cy+$yt,$ColoreTestoCorrente,$font,substr($Frase,$t,1));}

$t++; // prepara estrazione prossimo carattere

$TipoInclinazione = $TipoInclinazione - $Step; // prossima inclinazione lettera

}}

$Immagine = imagecreatetruecolor(720,450); // crea immagine

//imagecolorallocate($Immagine,0,0,0); // colore sfondo
$Rosso = imagecolorallocate($Immagine,255,0,0); // colori usati nell'esempio
$Verde = imagecolorallocate($Immagine,0,255,0); $Blu = imagecolorallocate($Immagine,0,0,255);
if($ColoreFrase == "Rosso"){$ColoreTestoCorrente = $Rosso;}
if($ColoreFrase == "Verde"){$ColoreTestoCorrente = $Verde;}
if($ColoreFrase == "Blu"){$ColoreTestoCorrente = $Blu;}

if($ColoreSfondo == "Rosso"){$ColoreSfondoCorrente = $Rosso;}
if($ColoreSfondo == "Verde"){$ColoreSfondoCorrente = $Verde;}
if($ColoreSfondo == "Blu"){$ColoreSfondoCorrente = $Blu;}
if($ColoreFrase == $ColoreSfondo)
        {$ColoreTestoCorrente = imagecolorallocate($Immagine,80,80,80);}

if($ColoreSfondo == "Trasparente"){

/*** rende l'immagine TRASPARENTE ***/
imagesavealpha($Immagine, true); // imposta il flag per salvare informazioni con canale Alpha
$CanaleAlpha = imagecolorallocatealpha($Immagine, 255, 255, 0, 127);
imagefill($Immagine, 0, 0, $CanaleAlpha); // rende l'immagine completamente trasparente
}
else
{imagefill($Immagine, 0, 0, $ColoreSfondoCorrente);}

// circonferenza, lettere con base caratteri rivolta verso il centro
$InclTipo = 0; $Cx = 160; $Cy = 140;$AsseOrizz = 100; $AsseVertic = 100;

scrive_su_conferenza($Immagine, $InclTipo,
$Cx,$Cy,$AsseOrizz,$AsseVertic,$Frase,$ColoreTestoCorrente,$Tratti);

// circonferenza, lettere con base rivolta verso la lettera precedente
$InclTipo = 1; $Cx = 570; $Cy = 140;$AsseOrizz = 100; $AsseVertic = 100;

scrive_su_conferenza($Immagine, $InclTipo,
$Cx,$Cy,$AsseOrizz,$AsseVertic,$Frase,$ColoreTestoCorrente,$Tratti);

// ellisse, lettere con base caratteri rivolta verso il centro
$InclTipo = 0; $Cx = 370; $Cy = 330;$AsseOrizz = 160; $AsseVertic = 70;

scrive_su_conferenza($Immagine, $InclTipo,
$Cx,$Cy,$AsseOrizz,$AsseVertic,$Frase,$ColoreTestoCorrente,$Tratti);

imagepng($Immagine,"es_112_frasi_su_circonferenza.png"); // salva
imagedestroy($Immagine); // libera memoria
?>
<!doctype html><html><head><meta charset="utf-8"></head><body>
<img src="es_112_frasi_su_circonferenza.png">
```

</body></html>Esemipo di risultato:

es_113_frasi_su_emicirconferenza

Volendo disporre il testo su di una emicirconferenza la tecnica è leggermente diversa.
Nell'esempio seguente la stessa stringa di caratteri è disposta sull'emicirconferenza superiore ed inferiore.
La funzione scrive_su_emiconferenza() viene chiamata due volte passandole i valori che produrranno i due esiti suddetti.

Le differenze fondamentali fra il disegnare sull'emisfero superiore e inferiore sono.

- emisfero superiore, l'emicirconferenza copre lo spazio fra 180 e 360 gradi
- emisfero inferiore, l'emicirconferenza copre lo spazio fra 0 e 180.
  La stringa di testo viene prima invertita con la funzione strrev().
  Questo permette di usare lo stesso loop cambiandone solo l'inizio.

I valori passati alla funzione sono:

- $Immagine, l'immagine creata con magecreate()
- $Start, inizio del loop disegno arco (180-360 sup., 0-180 inf.).
- $Cx,$Cy, posizione x,y sul piano cartesiano del centro della circonferenza
- $Testo, il testo che viene disegnato, in questo esempio un elenco alfabetico

Nel caso dell'emisfero inferiore, la stringa viene prima invertita con la funzione strrev()

```php
<?php // es_113_frasi_su_emicirconferenza
function scrive_su_emiconferenza($Immagine,$Start,$Cx,$Cy,$Testo){
$Bianco = imagecolorallocate($Immagine,255,255,255); // colori usati nell'esempio
$Celeste = imagecolorallocate($Immagine,0,255,255);

$Raggio = 160;
$font = "font/arial.ttf"; $Dim = 20; // tipo e dimensione font
$t = 0; // posizione lettera da estrarre dalla stringa $Testo
$InclinazioneLettera = 0; // inclinazione del testo all'avvio
$N = strlen($Testo);// quantità di caratteri da inserire
$Step = floor(180/$N); // dimensione singolo arco

for($i = $Start ; $i< $Start+ 180; $i+=$Step){ // $Start = inizio emicirconferanza da utilizzare
        imagearc($Immagine,$Cx,$Cy,$Raggio,$Raggio,$i,$i+30,$Bianco); // disegna l'arco
        $a = $i - (90 - $Step/3); // $Step/3 per compensare spazio inizio/termine frase

// calcola, sul piano cartesiano, le coordinate dove disegnare la lettera
        $cos = cos(deg2rad($a));$sin = sin(deg2rad($a)); // calcolo in radianti
        $xt = round($cos*(0) - $sin*($Raggio)); // posizione x
        $yt = round($sin*(0) + $cos*($Raggio)); // posizione y

// disegna segmento dal centro della circonferenza alla lettera
        imageline ($Immagine, $Cx , $Cy , $Cx+$xt , $Cy+$yt , $Celeste );

// se emicirconferenza superiore lettere con base rivolta verso il centro
```

```
// se emicirconferenza inferiore lettere vertice rivolto verso il centro
      imagettftext($Immagine,$Dim, 90 - $InclinazioneLettera,

        $Cx + $xt , $Cy+$yt, $Bianco,$font, substr($Testo,$t,1)
        );
$t++; // prepara estrazione prossimo carattere
$InclinazioneLettera = $InclinazioneLettera + $Step; // prossima inclinazione lettera
}}

$Immagine = imagecreate(800,250); // crea immagine
imagecolorallocate($Immagine,0,0,0); // colore sfondo
$Testo = "ABCDEFGHILMNOPQRST"; // stringa con frase da disporre su emicirconferenza

// emicirconferenza superiore
$Cx = 200; $Cy = 200;$Start = 180;
scrive_su_emiconferenza($Immagine,$Start,$Cx,$Cy,$Testo,$Testo);

// emicirconferenza inferiore
$Cx = 600; $Cy = 50;$Start = 0;
$Testo = strrev($Testo); // emicirconferenza inferiore inverte la stringa
scrive_su_emiconferenza($Immagine,$Start,$Cx,$Cy,$Testo,$Testo);

header('Content-Type: image/png');
imagepng($Immagine); // albrowser
imagepng($Immagine,"es_113_frasi_su_emicirconferenza.png"); // salva
imagedestroy($Immagine); // libera memoria
?>Risultato:
```

Pur utili in molte circostanze, è facile osservare negli esempi mostrati che la distanza fra i caratteri non è sempre uniforme.
La ragione risiede nella peculiarità dei caratteri ttf la cui dimensione, specie orizzontale, varia per ogni lettera mentre i caratteri incorporati GD hanno larghezza fissa, secondo la tabella seguente.

Numero font	1	2	3	4	5
Larghezza	5	6	7	8	9
Altezza	6	8	13	15	15

Calcolo dimensione caratteri TTF per circonferenze

Quando, usando i caratteri ttf, le esigenze richiedono una formattazione giustificata occorre fare ricorso alla funzione imagettfbbox() per misurare le dimensioni dei caratteri ed assegnare lo spazio/arco di conseguenza.

es_114_dimensione_caratteri_ttf_e_GD

Con imagettfbbox() si può facilmente misurare la dimensione di un carattere (ma, con piccole modifiche, anche di parole e frasi).
L'esempio seguente calcola le dimensioni dai font TrueType mentre per i PostScript il metodo varia leggermente (fare riferimento alla guida ufficiale).

```php
<?php // es_114_dimensione_caratteri_ttf
function DimensioneCarattere_TTF($Carattere, $Font, $FontDimensione, $Angolazione) {
$box = imagettfbbox($FontDimensione, $Angolazione, $Font, $Carattere); // dimensioni del testo in array
        $xr = abs(max($box[2], $box[4]));
        $yr = abs(max($box[5], $box[7]));
        $DimXcarattere = abs(max($box[2], $box[4])); // dimensione orizzontale
$DimYcarattere = abs(max($box[5], $box[7])); // dimensione verticale
echo "<br>Carattere: $Carattere = DimX = $DimXcarattere : DimY = $DimYcarattere ";//risultati a video
}

$Font = "font/arial.ttf";// tipo di carattere
$FontDimensione = 12; // dimensione del font
$Angolazione = 0; // angolazione
$Carattere = "AaBbCcDdEeFfGgHhIiJjKkLlMmNnOoPpQqRrSsTtUuVvWwXxYyZz";
for($x=0; $x< strlen($Carattere); $x++)//estrae singoli caratteri,chiama funzione che ne misura dimensioni
{DimensioneCarattere_TTF($Carattere[$x], $Font, $FontDimensione, $Angolazione);}
?>Risultato:
```

Carattere: A = DimX = 10 : DimY = 13   Carattere: a = DimX = 6 : DimY = 10

Carattere: B = DimX = 8 : DimY = 13   Carattere: b = DimX = 7 : DimY = 13

.... ecc.

Considerando la prerogativa dei font TTF, utilizzandone questo tipo, il prossimo esempio ne misura la larghezza, disegnandoli poi in modo proporzionale.

Il disegno viene fatto su di una circonferenza e su due emicirconferenze, una superiore ed inferiore.

es_115_A_frasi_TTF_su_circonferenza

http://www.taccetti.net/web/phpgd2/index.php?id=119

Del disegno si occupano tre funzioni.

- Frase_TTF_SuCirconferenza(), si occupa del disegno secondo i parametri che le vengono passati
- DimensioneOrizzontaleCarattere(), misura la dimensione di ciascun carattere
- GeneraColori(), crea i colori per mettere in evidenza l'operazione
  Non strettamente necessaria, ha solo scopo esemplificativo delle dimensioni e proporzioni.

Il nome delle variabili è autesplicativo ed il codice interamente commentato.

```php
<?php // es_115A_frasi_TTF_su_circonferenza
// calcola dimensione di ciascun carattere per fare spaziatura nella circonferenza
// paragonato ad un grafico a torta, ogni carattere è uno spicchio di diemnsioni diverse
function DimensioneOrizzontaleCarattere($text, $font, $size) {

// angolazione è sempre zero, dimensioni del carattere/testo
$box = imagettfbbox($size, 0, $font, $text);
$DimXcarattere = abs(max($box[2], $box[4])); // dimensione orizzontale
$DimYcarattere = abs(max($box[5], $box[7])); // dimensione verticale
return $DimXcarattere;
}
function GeneraColori($Numero)
{
$Num32exa = md5('color' . $Numero); // Restituisce come numero esadecimale di 32 cifre.

// preleva codici per colore, crea e restituisce array come r g b
return
array(hexdec(substr($Num32exa,0,2)),hexdec(substr($Num32exa,2,2)),hexdec(substr($Num32exa,4,2)));
}

function Frase_TTF_SuCirconferenza($Immagine,$Raggio, $Cx, $Cy,$Font,$FontDim,$Frase,
$ArcoInizio,$ArcoGradi,$LetteraInclinazione){

// acquisisce dimensione orizzontale di ogni carattere della frase e lo inserisce nella variabile array $Valori
$Valori = array (); // totale valori rappresentati
```

```php
for($L = 0; $L < strlen($Frase); $L ++)
{
$Valori[$L] = DimensioneOrizzontaleCarattere($Frase[$L], $Font, $FontDim);;
};

$Totale = array_sum($Valori); // totale valori
$Colori = array(); $ColoreIniziale = 18;

for($i=$ColoreIniziale; $i < ($ColoreIniziale+ count($Valori)); $i++)
{
$ColoreRGB = GeneraColori($i , $ColoreIniziale+ count($Valori)); // genera colori
$Colori[] = imagecolorallocate($Immagine, $ColoreRGB[0], $ColoreRGB[1], $ColoreRGB[2]);
}

$SL = .70; // Spostamento lettere
foreach($Valori as $index => $V ) { // scorre array $Valori e $Colori, disegnando gli archi
$Arco = number_format(($ArcoGradi * $V) / $Totale); // dimensioni angolo/arco corrente

        imagefilledarc($Immagine,
                $Cx, $Cy, // coordinate x,y del centro
                $Raggio, $Raggio,
                $ArcoInizio,
                ($ArcoInizio + $Arco), // fine arco
                $Colori[$index], // colore corrente
                IMG_ARC_PIE // Connette angoli, area circoscritta è riempita con $Colori[$index]
                );

$VerticeArco = ($ArcoInizio + $Arco/2) + 90; // primo arco inizio ore 3

// *** calcola X,Y sul piano cartesiano dei vertici archi per legenda circolare ***
$sin = sin(deg2rad($VerticeArco)); $cos = cos(deg2rad($VerticeArco)); // seno e coseno in radianti
$RadX = round($cos*(0) - $sin*($Raggio * $SL * -1)); // Vertice arco corrente, X su cartesiano
$RadY = round($sin*(0) + $cos*($Raggio * $SL * -1)); // Vertice arco corrente, Y su cartesiano

// scrive lettere intorno alla circonferenza
        imagettftext ($Immagine,
                $FontDim, // dimensione font
                $ArcoGradi/2 - $LetteraInclinazione, // inclinazioen font
                $Cx + $RadX, $Cy + $RadY, // posizione su cartesiano
                $Colori[$index], // colore corrente
                $Font,
                $Frase[$index]
                ); /// $index è la posizione della lettera all'interno della frase

$ArcoInizio += $Arco; // inizio nuovo arco

$LetteraInclinazione = $LetteraInclinazione + $Arco; // nuova inclinazione lettera

// segmento grafico/testo, , comando a scopo esplicativo può essere cancellato
imageline ($Immagine, $Cx , $Cy , $Cx + $RadX , $Cy + $RadY , $Colori[$index] );// segmento grafico/testo
}
}
$Larghezza = 500; $Altezza = $Larghezza;
$Immagine = imagecreate($Larghezza, $Altezza);
imagecolorallocate($Immagine, 254, 254, 233); // sfondo
$Raggio = $Larghezza * .6;
$Cx = $Larghezza * .5; $Cy = $Cx; // centro x,y
$Font = "font/arial.ttf";
$FontDim = 18;
$Frase = utf8_decode('AaBbCcDdEeFfGgHhIiLjMkNlOmPnQoRpSqTrUsVtXuYvZwaxbycz');
if(strlen($Frase) > 52){$Frase = substr($Frase,0,51);}; // numero massimo caratteri ammessi
$ArcoInizio = 180; // valore in gradi inizio primo arco, zero corrisponde a ore 3
$ArcoGradi = 360; // ampiezza arco sul quale disegnare le lettere

$LetteraInclinazione = 90;
```

```
Frase_TTF_SuCirconferenza($Immagine,
              $Raggio,
              $Cx,$Cy,
              $Font,  $FontDim,      $Frase,
              $ArcoInizio,      $ArcoGradi,
              $LetteraInclinazione
              );
```

```
header("Content-Type: image/png");
imagepng($Immagine,"es_115A_frasi_TTF_su_circonferenza.png"); // salva immagine
imagepng($Immagine); // al browser
imagedestroy($Immagine); // libera memoria
?>Risultato:
```

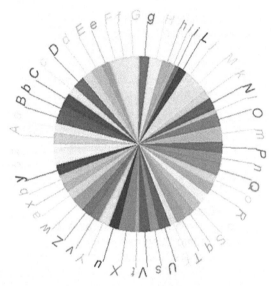

Con minime variazioni è possibile disporre il testo sull'emicirconferenza superiore o inferiore, basta passare valori diversi alle 3 funzioni descritte in precedenza.

In particolare, la frase che va sull'emicirconferenza inferiore è invertita dal codice PHP.

es_115_B_frasi_TTF_su_emicirconferenza

http://www.taccetti.net/web/phpgd2/index.php?id=120

```
<?php
$Larghezza = 790; $Altezza = 250; $Immagine = imagecreatetruecolor($Larghezza, $Altezza);
$Raggio = $Larghezza /2 * .65;
$Cx = $Larghezza/2 * .5; $Cy = $Altezza * .85; // centro x,y
$Font = "font/arial.ttf"; $FontDim = 18;
$ArcoInizio = 180; $ArcoGradi = 180; // ampiezza arco sul quale disegnare le lettere a ore 9
Frase_TTF_SuCirconferenza($Immagine, $Raggio, $Cx, $Cy, // arco superiore
$Font,$FontDim,$Frase, $ArcoInizio,$ArcoGradi,$LetteraInclinazione, $SoloTesto);

$Frase = strrev($Frase); $FraseDirezione = "Inversa";
$ArcoInizio = 0; $ArcoGradi = 180; // ampiezza arco sul quale disegnare le lettere a ore 3
$Cx = $Larghezza - $Larghezza*.25; $Cy = $Altezza * .08; // centro x,y
Frase_TTF_SuCirconferenza($Immagine,$Raggio, $Cx, $Cy, // arco inferiore
$Font,$FontDim,$Frase, $ArcoInizio,$ArcoGradi,$LetteraInclinazione,$SoloTesto);

header("Content-Type: image/png"); imagepng($Immagine); // al browser
imagedestroy($Immagine); // libera memoria
```

?>Risultato

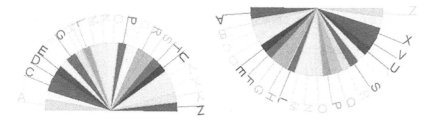

Poligoni ed effetti 3d

Usando la funzione imagefilledarc() come maschera, è possibile disegnare figure piane di n lati inscritte in circonferenze, da queste, sfruttando anche le opzioni della costante style, creare immagini con effetto 3D.

es_116_fra_circonferenze_e_poligoni

http://www.taccetti.net/web/phpgd2/index.php?id=121

Nello script, la funzione CirconferenzePoligoni() viene chiamata due volte disegnando, con imagefilledarc() la maschera usando i valori delle variabili con nome autoesplicativo:

$Immagine, $BaseLargezza, $BaseAltezza,$Vertici, $InizioVertici,$Cx, $Cy, $Colore.
(circonferenze ed ellissi da impiegare nel disegno di figure con effetto 3d).
Ritornando i valori negli array $PuntiXYa e $PuntiXYb

Quindi alle righe:
for($z=0; $z<$VerticiQuantita*2 ;$z+=2)
{imageline ($Immagine , $PuntiXYa[$z] , $PuntiXYa[$z+1] , $PuntiXYb[$z] , $PuntiXYb[$z+1] , $Verde);}
viene disegnato l'effetto 3D

Variabili che vengono passati alla funzione Disegna()

- $Immagine, l'immagine creata con imagecreate()
- $BaseALargezza, $BaseAAltezza, dimensioni dalla base A della figura 3d
- $BaseACX,$BaseACY, centro base A della figura circolare che, eventualmente, fa da maschera
- $BaseBLargezza, $BaseBAltezza, dimensioni dalla base B dellea figura 3d
- $BaseBCX,$BaseBCY, centro base B della figura circolare che, eventualmente, fa da maschera
- $VerticiQuantita, se poligono numero vertici, se circonferenza o ellissi punti per effetto 3d
- $VerticeStart, se poligono, sulla circonferenza/ellissi, posizione primo vertice disegnato

```php
<?php // es_116_fra_circonferenze_e_poligoni
$BaseALargezza = isset($_POST['BaseALargezza']) ? $_POST['BaseALargezza'] : 200;
$BaseAAltezza = isset($_POST['BaseAAltezza']) ? $_POST['BaseAAltezza'] : 80;
$BaseACX = isset($_POST['BaseACX']) ? $_POST['BaseACX'] : 200;
$BaseACY = isset($_POST['BaseACY']) ? $_POST['BaseACY'] : 120;
$BaseBLarghezza = isset($_POST['BaseBLarghezza']) ? $_POST['BaseBLarghezza'] : 200;
$BaseBAltezza = isset($_POST['BaseBAltezza']) ? $_POST['BaseBAltezza'] : 80;
$BaseBCX = isset($_POST['BaseBCX']) ? $_POST['BaseBCX'] : 200;
$BaseBCY = isset($_POST['BaseBCY']) ? $_POST['BaseBCY'] : 250;
$VerticiQuantita = isset($_POST['VerticiQuantita']) ? $_POST['VerticiQuantita'] : 6;
$VerticeStart = isset($_POST['VerticeStart']) ? $_POST['VerticeStart'] : 0;

        function CirconferenzePoligoni($Immagine,
                $BaseLargezza, $BaseAltezza,
                $Vertici, $InizioVertici,
                $Cx, $Cy,
```

```php
                    $Colore)
                    {
$Valori = array (); // definisce vertici se figura piana e punti per effetto 3d
for($L = 0; $L < $Vertici; $L ++) {$Valori[$L] = 360/ $Vertici;}; // dimensione lati/punti effetto 3d
$PuntiXY = array(); // Inizializza l'array per piano cartesiano

        foreach($Valori as $index => $V ) { // scorre array $Valori
                $Corda = $Valori[$index]; // lato poligoni

$VerticeCorrente = ($InizioVertici + $Corda) + 90; // sincronizza con GD che inizia ad ore 3

// *** per vertici poligono inscritto calcola X,Y sul piano cartesiano ***
$sin = sin(deg2rad($VerticeCorrente)); $cos = cos(deg2rad($VerticeCorrente)); // valori in radianti
$RadX = round($cos*(0) - $sin*($BaseLargezza * .5 * -1)); // Vertice corrente, X su cartesiano
$RadY = round($sin*(0) + $cos*($BaseAltezza * .5 * -1)); // Vertice corrente, Y su cartesiano

// Spinge il valore nella matrice punti/vertici, origini per effetto 3d
        array_push($PuntiXY, $Cx + $RadX); array_push($PuntiXY, $Cy + $RadY);
        $style = 3; // IMG_ARC_NOFILL+IMG_ARC_CHORD = 11, corde

        if($Vertici > 12){$style = 2;} // IMG_ARC_NOFILL = 2, archi

        imagefilledarc($Immagine,
                $Cx, $Cy, // coordinate x,y del centro
                $BaseLargezza, $BaseAltezza,
                $InizioVertici, // inizio arco o corda
                $InizioVertici + $Corda, // fine arco o corda
                $Colore, // colore passato alla funzione
                $style
                );
$InizioVertici += $Corda; // nuovo vertice
}
return $PuntiXY; // ritornano valori xy vertici Poligoni o punti su Circonferenze per effetto 3d
}

$Immagine = imagecreate(400, 400); // crea l'immagine
imagecolorallocate($Immagine, 204, 204, 204); // sfondo

$Verde = imagecolorallocate($Immagine, 0, 204, 51);
$Nero = imagecolorallocate($Immagine, 0, 0, 0);

// inizio chiamate alla funzione crea circonferenze/poligoni
$PuntiXYa = CirconferenzePoligoni($Immagine, $BaseALargezza, $BaseAAltezza, $VerticiQuantita,
$VerticeStart, $BaseACX, $BaseACY, $Nero);

$PuntiXYb = CirconferenzePoligoni($Immagine, $BaseBLarghezza, $BaseBAltezza, $VerticiQuantita,
$VerticeStart, $BaseBCX, $BaseBCY, $Nero);

for($z=0; $z<$VerticiQuantita*2 ;$z+=2)// effetto 3d
{imageline ($Immagine , $PuntiXYa[$z] , $PuntiXYa[$z+1] , $PuntiXYb[$z] , $PuntiXYb[$z+1] , $Verde);}

// CirconferenzePoligoni altezza
imageline ($Immagine , $BaseACX, $BaseACY , $BaseBCX, $BaseBCY , $Nero);

imagepng($Immagine,"es_116_fra_circonferenze_e_poligoni.png"); // salva immagine
imagedestroy($Immagine); // libera memoria
?>
<!doctype html><html><head><meta charset="utf-8"></head><body>
<img src="es_116_fra_circonferenze_e_poligoni.png">
```

</body></html>?>Esempi di risultati possibili e loro maschere:

es_117_generatore_di_stelle

http://www.taccetti.net/web/phpgd2/index.php?id=122

Con le funzioni imagearc() e imagepolygon() è possibile generare dinamicamente stelle e non solo stelle. Una volta acquisito questo semplice metodo, basterà solo liberare la propria fantasia perché passandole valori diversi si otterranno non solo stelle ma molto di più.
Mattiamo che su pagine di un sito web si abbia la necessità di disegnare stelle di fatture diverse sia come dimensioni che come quantità di punte.

Se ne servono di 2 o 3 esemplari sarà abbastanza semplice farli con Photoshop, Gimp, Corel ecc.
Ma se di esemplari diversi ne vogliamo 100 o più che cambiano ad ogni necessità o periodo?
Per esempio una stella che aumenta come quantità di punte o si ingrandisce per un certo risultato o classifica, e nello stesso tempo essere sicuri che le stelle siano sempre conformate alle necessità?

Occorre allora generarle dinamicamente con le funzioni GD imagearc() e imagepolygon().

Analisi del progetto:

Se consideriamo un pentagono regolare inscritto in una circonferenza, i vertici del pentagono possono anche essere considerati vertici dei raggi di una stella a 5 punte.
Consideriamo adesso una circonferenza interna a questa, sempre con un pentagono regolare inscritto.
Ruotiamo la circonferenza interna in modo che ciascun vertice del pentagono inscritto sia equidistante dai 2 vertici più prossimi del pentagono esterno.

Unendo alternativamente vertici del pentagono esterno ed i vertici del pentagono interno avremo una perfetta stella a 5 punte.
Ma non solo, inscrivendo poligoni con n lati potremo disegnare stelle con n punte, e variando il raggio delle circonferenze cambieranno la lunghezza dei raggi dalle stelle.
Se poi, invece di usare circonferenze usiamo ellissi, anche inclinate (vedi es_118_ellisse_ruotata), potremo avere cornici da utilizzare per evidenziare testi e immagini, nonché maschere per la modifica di disegni e foto (es_126_estrae_trasferisce_figura_ovale) ed un'ottima base per gradienti stellari.

Creazione dello script:

Lo script si compone di 3 parti,

1. Aquisisce i valori da assegnare alle variabili, crea l'immagine e alloca i colori.
2. Funzione DetermInaValori(), individua, sul piano cartesiano, i valori dei punti necessari
3. Funzione DisegnaStella(), con i valori di ritorno dalla funzione precedente disogna la stella.

La funzione DeterminaValori() viene invocate 2 volte, alla quale vengono passati i seguenti valori.

- $Immagine, l'immagine creata con imagecreate()
- $AsseX, $AsseY, assi della circonferenza
- $VerticiQuantita, quantità delle punte della stella
- $Start, valore in gradi, posizione della prima punta disegnata
- $Angoli,$Circonferenze, non necessari al disegno, servono a mostrare vertici e maschere

Ritornano ripettivamente, per le 2 chiamate, $PuntiXYa e $PuntiXYb con i valori X,Y dei vertici.

Funzione DisegnaStella(), viene invocata passandole i valori ritornati dalla funzione DeterminaValori().

Si occupa di disegnare la stella secondo quanto ricevuto.

Le vengono passati i seguenti valori:

- $Immagine, l'immagine creata con imagecreate()
- $PuntiXYa, $PuntiXYb, array dei punti x,y del piano cartesiano individuati sulle 2 circonferenze
- $Rosso, colore con il quale disegnare la stella.
  Naturalmente può essere qualsiasi altro colore ammesso.

```php
<?php // es_117_generatore_di_stelle
$AsseEsternoX = isset($_POST['AsseEsternoX']) ? $_POST['AsseEsternoX'] : 250;
$AsseEsternoY = isset($_POST['AsseEsternoY']) ? $_POST['AsseEsternoY'] : 250;
$AsseInternoX = isset($_POST['AsseInternoX']) ? $_POST['AsseInternoX'] : 70;
$AsseInternoY = isset($_POST['AsseInternoY']) ? $_POST['AsseInternoY'] : 70;
$VerticiQuantita = isset($_POST['VerticiQuantita']) ? $_POST['VerticiQuantita'] : 7;
$VerticiInizio = isset($_POST['VerticiInizio']) ? $_POST['VerticiInizio'] : 0;
$Angoli = isset($_POST['Angoli']) ? $_POST['Angoli'] : "No";
$Circonferenze = isset($_POST['Circonferenze']) ? $_POST['Circonferenze'] : "No";

function DeterminaValori($Immagine,$AsseX,$AsseY,$VerticiQuantita, $Start,$Angoli,$Circonferenze)
{
$PuntiXY = array(); // Inizializza l'array vertici su piano cartesiano
$Corda = 360/ $VerticiQuantita; // distanza fra i vertici del poligono inscritto

for($V = 0; $V < $VerticiQuantita; $V ++){ // scorre corde calcolando X,Y su piano cartesiano
$VerticeCorrente = ($Start + $Corda);

$sin = sin(deg2rad($VerticeCorrente)); $cos = cos(deg2rad($VerticeCorrente)); // valori in radianti
$RadX = round($cos*(0) - $sin*($AsseX * .5 * -1)); // Vertice corrente, X su cartesiano
$RadY = round($sin*(0) + $cos*($AsseY * .5 * -1)); // Vertice corrente, Y su cartesiano

// Spinge il valore nella matrice base/vertice dei raggi della stella
array_push($PuntiXY, Cx + $RadX); array_push($PuntiXY, Cy + $RadY);

// se $Angoli == "Si" disegna $Angoli e punti sui quali è costruita la stella
$Giallo = imagecolorallocate($Immagine, 255, 255, 0);

if($Angoli == "Si"){imagefilledellipse ($Immagine , Cx + $RadX , Cy + $RadY , 10 , 10 , $Giallo );}
if($Circonferenze == "Si"){// se $Circonferenze == "Si" disegna Circonferenza meschera della stella

        imagearc($Immagine,
                Cx, Cy, // coordinate x,y del centro
                $AsseX, $AsseY,
                $Start, // inizio corda
                $Start + $Corda, // fine corda
                $Giallo
                }
$Start += $Corda; // nuovo vertice
}
return $PuntiXY; // punti xy sul paino cartesiano dei vertici
}

function DisegnaStella($Immagine, $PuntiXYa, $PuntiXYb,$Colore){
$VerticiQuantita = count($PuntiXYa) / 2; // quantità raggi della stella
$Vertici = array(); // quntità punti fra i quali tracciare la stella

for($z = 0; $z<$VerticiQuantita * 2; $z+=2){ //inserisce alternati punti interni/esterni in array $Vertici
array_push($Vertici, $PuntiXYa[$z]);array_push($Vertici, $PuntiXYa[$z+1]);// esterni
array_push($Vertici, $PuntiXYb[$z]);array_push($Vertici, $PuntiXYb[$z+1]);// interni
}
imagepolygon($Immagine, $Vertici, $VerticiQuantita * 2 , $Colore ); // disegna la stella
}

//*** inizio creazione stelle ***
$Immagine = imagecreate(300, 300); // crea immagine
define('Cx', 150); define('Cy', 150); // centro immagine
imagecolorallocate($Immagine, 0, 255, 0); // colore sfondo
```

```
$Rosso = imagecolorallocate($Immagine, 255, 0, 0);
$AsseX = $AsseEsternoX; $AsseY = $AsseEsternoY;

// circonferenza esterna
$Start = $VerticiInizio;
$PuntiXYa = DeterminaValori($Immagine,$AsseX,$AsseY,$VerticiQuantita,$Start,$Angoli,$Circonferenze);

// circonferenza interna
$Start = $VerticiInizio + 180 / $VerticiQuantita; // vertici ruotati con raggi sincronizzati al 50%
$AsseX = $AsseInternoX; $AsseY = $AsseInternoY;
$PuntiXYb = DeterminaValori($Immagine,$AsseX,$AsseY,$VerticiQuantita,$Start,$Angoli,$Circonferenze);

DisegnaStella($Immagine, $PuntiXYa, $PuntiXYb,$Rosso);
imagepng($Immagine,"es_117_generatore_di_stelle.png"); // salva immagine
imagedestroy($Immagine); // libera memoria
?>
<!doctype html><html><head><meta charset="utf-8"></head><body>
<img src="es_117_generatore_di_stelle.png">
</body></html>
```
Esempio di alcuni risultati possibili:

Ellissi ruotate e spirali

GD dispone delle funzioni imageellipse() ed imagefilledellipse() per disegnare ellissi con la limitazione che possono essere raffigurate solo in orizzontale o verticale.
Le funzioni imagearc() e imagefilledarc() permettono di ottenere gli stessi risultati con maggiore flessibilità come ad esempio creare spirali.
A volte sembra che i software grafici diano per scontato che le uniche ellissi che gli utilizzatori abbiano necessità di disegnare siano solo orizzontali e verticali.

Ellisse ruotata di n gradi

Ma con GD queste non sono le sole possibilità, usando un minimo di programmazione ed impostando ogni singolo pixel con imagesetpixel(), si possono non solo tracciare archi, circonferenze o ellissi, con la funzione imagesetpixel() possono anche essere disegnate ellissi e spirali ruotate di quanti gradi si desidera.

Le equazioni per l'ellisse sono:
$$x = a * \cos(t)$$
$$y = b * \sin(t)$$

Dove x ed y sono i punti sul piano cartesiano ed a e b gli assi dell'ellisse, quindi se a = b l'ellisse è una circonferenza, mentre il parametro t varia da 0 a 2π radianti.
Per disegnare l'ellisse ruotata occorre introdurre il parametro theta che indica un angolo generico.
Il valore di theta sarà l'angolo di rotazione dell'ellisse rispetto agli assi ortogonali.

Se x e y sono le coordinate originali, i valori per la rotazione di un angolo theta diventano:

x = a * cos(t + theta)
y = b * sin(t + theta)

Quindi per disegnare un'ellisse ruotata occorre utilizzare:

x = a*cos(t)*cos(theta) - b*sin(t)*sin(theta)
y = a*cos(t)*sin(theta) + b*sin(t)*cos(theta)

che scritto in PHP diviene:

```
for($t = 0; $t < M_PI * 2; $t += 0.01)
        {
$x= $CentroX - $AsseMAX * cos($t)* cos($theta) - $AsseMIN * sin($t)* sin($theta);
$y= $CentroY + $AsseMAX * cos($t)* sin($theta) - $AsseMIN * sin($t)* cos($theta);
imagesetpixel ($Immagine , $x , $y , $Colore);
        }
```

Dove il loro significato è:

- $CentroX e $CentroY: distanza dal punto 0,0 delle coordinate cartesiane GD, in alto a sinistra.
- $AsseMAX e $AsseMIN: assi dell'ellisse.
- $t: valore fra 0 a 2π radianti
- $theta: inclinazione dell'ellisse
- $x e $y: cordinate x,y sul piano cartesiano di ogni punto dell'ellisse
- $Immagine: immagine creata con imagecreate()
- $Colore: colore creato con imagecolorallocate()

imagesetpixel: imposta ogni singolo pixel alle coordinate $x , $y del colore $Colore

es_118_ellisse_ruotata

http://www.taccetti.net/web/phpgd2/index.php?id=123

In questo esempio viene disegnata un'ellisse ruotata di n gradi, in questo caso 30.
Il disegno viene eseguito nella funzione DisegnaEllissi() alla quale vengono passati i seguenti valori:

- $Immagine, immagine creata con imagecreate()
- $AsseMAX,$AsseMIN, assi dell'ellisse
- $theta, inclinazione dell'ellisse, cambiandone il valore l'ellisse è disegnata ruotata.

Un'altra funzione di nome Coordinate(), mostra gli assi inclinati rispetto al piano ortogonale.
Questa funzione è inserita a titolo esplicativo e può essere cancellate.
In questo caso verrà mostrata solo l'ellisse ruotata.

```php
<?php // es_118_ellisse_ruotata
$AsseMAX = isset($_POST['AsseMAX']) ? $_POST['AsseMAX'] : 200;
$AsseMIN = isset($_POST['AsseMIN']) ? $_POST['AsseMIN'] : 100;
$theta = isset($_POST['theta']) ? $_POST['theta'] : 30;

function Coordinate($Immagine,$Cx,$Cy,$theta,$AsseMAX,$AsseMIN){
$Viola = imagecolorallocate($Immagine,255,0,255);       $Nero = imagecolorallocate($Immagine,0,0,0);

// etichette ed assi dell'immagine contenitore
imagestring ($Immagine,4,$Cx-150,$Cy,"A.MAX=$AsseMAX:A.MIN=$AsseMIN",$Nero);
imagestring ($Immagine,4,$Cx-150,$Cy+20,"theta:g=".floor(rad2deg($theta))." rad=$theta",$Nero);
imageline ($Immagine, 0 , $Cy , $Cx *2, $Cy, $Nero );
imageline ($Immagine, $Cx , 0 , $Cx, $Cy * 2, $Nero );

// asseA dell'ellisse
$asseAx1 = $Cx + $AsseMAX * cos($theta);$asseAy1 = $Cy - $AsseMAX * sin($theta);
$asseAx2 = $Cx - $AsseMAX * cos($theta);$asseAy2 = $Cy + $AsseMAX * sin($theta);
```

```
imageline ($Immagine, $asseAx1, $asseAy1 , $asseAx2, $asseAy2, $Viola);
imagefilledellipse($Immagine,$asseAx1,$asseAy1,10,10,$Viola);
imagefilledellipse($Immagine,$asseAx2,$asseAy2,10,10,$Viola);

// asseB dell'ellisse
$asseBx1 = $Cx + $AsseMIN * sin($theta);$asseBy1 = $Cy + $AsseMIN * cos($theta);
$asseBx2 = $Cx - $AsseMIN * sin($theta);$asseBy2 = $Cy - $AsseMIN * cos($theta);
imageline ($Immagine, $asseBx1, $asseBy1, $asseBx2, $asseBy2, $Nero);

imagefilledellipse ($Immagine , $asseBx1, $asseBy1 , 10 , 10 , $Nero);
imagefilledellipse ($Immagine , $asseBx2, $asseBy2 , 10 , 10 , $Nero);
}

function DisegnaEllissi($Immagine,$AsseMAX,$AsseMIN,$Cx,$Cy,$theta,$Rosso){
        $theta = deg2rad($theta); // inclinazione, converte gradi in radianti
        for($t = 0; $t <= M_PI * 2; $t += 0.01){ // disegna ellissi dell'inclinazione theta

$x = $Cx - $AsseMAX * cos($t)* cos($theta) - $AsseMIN * sin($t)* sin($theta); //posizione x su cartesiano
$y = $Cy + $AsseMAX * cos($t)* sin($theta) - $AsseMIN * sin($t)* cos($theta); //posizione y su cartesiano
imagesetpixel($Immagine,$x,$y,$Rosso ); // imposta il pixel
}

// etichette ed assi questa chiamata e la funzione che invoca possono essere eliminate
Coordinate($Immagine,$Cx,$Cy,$theta,$AsseMAX,$AsseMIN);
}

$Immagine = imagecreate(500,500); // crea immagine
$Cx = 250; $Cy = 250; // coordinate x,y del centro
imagecolorallocate($Immagine,255,255,255); // sfondo
$Rosso = imagecolorallocate($Immagine,255,0,0);// colore ellissi

// assi ed inclinazione dell'ellisse espressa in gradi
DisegnaEllissi($Immagine,$AsseMAX,$AsseMIN,$Cx,$Cy,$theta,$Rosso); // disegna ellisse
imagepng($Immagine,"es_118_ellisse_ruotata.png");// salva
imagedestroy($Immagine);// libera memoria
?>
<!doctype html><html><head><meta charset="utf-8"></head><body>
<img src="es_118_ellisse_ruotata.png">
</body></html>
```

Esempio di risultato con inclinazione di 30 gradi, cambiare il valore di $theta per risultati diversi.

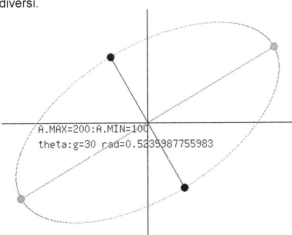

Con cambiamenti minimi rispetto all'esempio precedente è possibili disegnare spirali ellittiche ruotate di theta gradi come in

es_119_spirale_ellittica_ruotata

Il lavoro si svolge nella funzione DisegnaSER() alla quale viene passato in aggiunta all'esempio precedente il valore $In = 1.0003, cioè l'incremento della spirale espresso in radianti.

Nella funzione DisegnaSER(), il loop for($z=0;$z<20;$z++) determina la quantità di circonvoluzione, al suo interno $AsseMIN = $AsseMIN * $In; $AsseMAX = $AsseMIN * 2 incrementa gli assi secondo $In.

```php
<?php // es_119_spirale_ellittica_ruotata
function DisegnaSER($Immagine,$AsseMAX,$AsseMIN,$CentroX,$CentroY,$theta,$Rosso,$In){
$theta = deg2rad($theta); // inclinazione, converte gradi in radianti

        for($z=0;$z<20;$z++){ // quantità circonvoluzioni

        // disegna ellissi dell'inclinazione theta
                for($t = 0; $t <= M_PI * 2; $t += 0.01){
$x=$CentroX-$AsseMAX*cos($t)*cos($theta)-$AsseMIN*sin($t)*sin($theta); //posizione x su cartesiano
$y=$CentroY+$AsseMAX*cos($t)*sin($theta)-$AsseMIN*sin($t)*cos($theta); //posizione y su cartesiano
            imagesetpixel($Immagine,$x,$y,$Rosso ); // imposta il pixel

$AsseMIN = $AsseMIN * $In; $AsseMAX = $AsseMIN * 2;// incrementa assi
}
}
}
$Larghezza = 800; $Altezza = 600; // dimensioni dell'immagine
$Immagine = imagecreate($Larghezza,$Altezza); // crea immagine
$CentroX = $Larghezza/2; $CentroY = $Altezza/2; // coordinate x,y del centro
imagecolorallocate($Immagine,255,255,255); // sfondo
$Rosso = imagecolorallocate($Immagine,255,0,0); // colore spirale
$AsseMAX = 10; $AsseMIN = 5;$theta = 30; // assi ed inclinazione dell'ellisse espressa in gradi

$In = 1.0003; // incremento della spirale espresso in radianti

DisegnaSER($Immagine,$AsseMAX,$AsseMIN,$CentroX,$CentroY,$theta,$Rosso,$In); // disegna spirale

header('Content-Type: image/png');
imagepng($Immagine); // al browser
imagepng($Immagine,"es_119_spirale_ellittica_ruotata.png"); // salva
imagedestroy($Immagine); // libera memoria
?>Risultato:
```

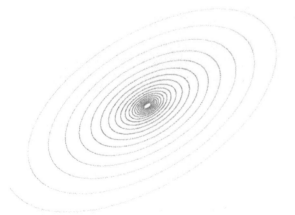

Con un minimo di programmazione, utilizzando ellissi ruotate sul piano ortogonale, è oltremodo semplice disegnare un atomo stilizzato con le proprie orbite.

Logotipi

Atomo con orbite

Utilizzando le ellissi ruotate rispetto al piano cartesiano è possibile disegnare

es_121_atomo_con_orbite

http://www.taccetti.net/web/phpgd2/index.php?id=124

Una volta creata l'immagine e dichiarato il numero atomico, cioè la quantità di protoni ed elettroni con le proprie orbite che verranno disegnate, i valori delle variabili necessarie si adeguano di conseguenza.
In particolare il valore theta, dell'inclinazione orbitale, cambia in funzione delle orbite da disegnare.

```php
<?php // es_121_atomo_con_orbite
$NumeroAtomico = isset($_POST['NumeroAtomico']) ? $_POST['NumeroAtomico'] : 4;

function OrbiteConElettroni($Immagine,$AsseMAX,$AsseMIN,$Cx,$Cy,$theta,$Colore,$Qe){
        $theta = deg2rad($theta); // converte gradi in radianti

for($Z = 0; $Z < M_PI * 2; $Z += 0.01){ // orbita di inclinazione theta
$x = $Cx - $AsseMAX * cos($Z)* cos($theta) - $AsseMIN * sin($Z)* sin($theta);// x cartesiano
$y = $Cy + $AsseMAX * cos($Z)* sin($theta) - $AsseMIN * sin($Z)* cos($theta);// y cartesiano
imagesetpixel ($Immagine , $x , $y , $Colore ); //punti ellisse, orbita elettroni
}
if($Qe & 1)// disegna elettroni su orbite posizione diversa se $Qe è pari o dispari
{imagefilledellipse($Immagine,$Cx-$AsseMAX*cos($theta),$Cy+$AsseMAX*sin($theta),15,15,$Colore>>2);}
else
{imagefilledellipse($Immagine,$Cx+$AsseMAX*cos($theta),$Cy-$AsseMAX*sin($theta),15,15,$Colore>>2);}
}

$Larghezza = 300; $Altezza = $Larghezza; // dimensioni immagine
$Immagine = imagecreatetruecolor($Altezza,$Larghezza); // crea immagine
$CanaleALPHA = imagecolorallocatealpha($Immagine,204,204,204,127 );//colore per la trasparenza
imagefill($Immagine, 0, 0, $CanaleALPHA);//rende trasparente l'immagine
imagealphablending($Immagine, false);
imagesavealpha($Immagine, true); // immagine salvata con trasparenza

$Cx = $Larghezza *.5; $Cy = $Cx; // centro immagine
$Rosso = imagecolorallocate($Immagine,255,0,0);

// numero atomico, inclinazione orbite, quantità orbite disegnate
$Inclinazione = 180/ $NumeroAtomico;$Qe = 0;

$AsseMAX = $Larghezza * .45; $AsseMIN = $AsseMAX *.3; // assi dell'orbita
for($theta = $Inclinazione;$theta <=180; $theta+=$Inclinazione) // disegna ellissi
{OrbiteConElettroni($Immagine,$AsseMAX,$AsseMIN,$Cx,$Cy,$theta,$Rosso,$Qe++);}

// NUCLEO, loop in radianti per NumeroAtomico punti equidistanti sulla circonferenza
for($i = 0; $i < 2* M_PI; $i+= 2*M_PI /$NumeroAtomico) {
$x = $Cx + 16 * cos($i); $y = $Cy + 16 * sin($i); // x y cartesiano
imagefilledellipse($Immagine,$x,$y,29,29, $Rosso);// interno
imageellipse($Immagine,$x,$y,30,30, $Rosso>>17);// circonferenza
}

imagepng($Immagine,"es_121_atomo_con_orbite.png");// salva
imagedestroy($Immagine);// libera memoria
```

```
?>
<!doctype html><html><head><meta charset="utf-8"></head><body>
<img src="es_121_atomo_con_orbite.png">
</body></html>
```
Esempio di uno dei risultati possibili, cambiare il valori in $NumeroAtomico per risultati diversi.

yin yang

Il concetto di yin yang ha origine dall'antica filosofia cinese e non necessita di spiegazione.
Il simbolo è una circonferenza suddivisa in 2 parti, la sinistra bianca e destra nera.
Nella metà superiore della circonferenza, la parte in nero deborda a sinistra con un semiarco sulla parte bianca, mentre presso il polo inferiore accade l'opposto.
Rispettivamente ad 1/3 dal vertice superiore ed 3/4 dal vertice inferiore si trovano due circonferenze più piccole, una bianca su fondo nero ed una nera sul fondo bianco.

es_122_Yin_Yang

Questo script, completamente commentato, crea il simbolo con poche ed intuitive righe della libreria GD.
Tutto si svolge all'interno della funzione Disegna_Yin_Yang() utilizzando imagefilledarc().

I valori che vengono passati alla funzione Disegna_Yin_Yang() sono:
- $Immagine, immagine creata imagecreate()
- $CX,$CY, centro x,y dell'immagine
- $Raggio, raggio della circonferenza che varia in ragione della parte da disegnare
- $ArcoStart, $ArcoEnd, inizio e fine dell'arco da disegnare, 0-360 se circonferenza
- $Colore, colore che varia in ragione della parte da disegnare, bianco o nero
- $N, avanzamento del disegno, solo per uso dimostrativo

Cambiando le dimensioni dell'immagine il simbolo Yin Yang si adegua automaticamente.

```php
<?php // es_122_Yin_Yang
function Disegna_Yin_Yang($Immagine,$CX,$CY,$Raggio,$ArcoStart, $ArcoEnd,$Colore,$N)
{
imagefilledarc($Immagine, $CX, $CY, $Raggio, $Raggio, $ArcoStart, $ArcoEnd, $Colore, IMG_ARC_PIE);
imagepng($Immagine, "YinYang_".$N.".png"); // salva avanzamento disegna
}


$Larghezza = 200; $Altezza = $Larghezza; // dimensioni dell'immagine
$Immagine = imagecreatetruecolor($Larghezza,$Altezza); // crea immagine
$Raggio = floor($Larghezza * .9); // raggio del simbolo
$CX = $Larghezza *.5; $CY = $CX; // centro dell'immagine
```

```
// alloca il colore per la trasparenza
$CanaleALPHA = imagecolorallocatealpha($Immagine, 204, 204, 204, 127 );
imagefill($Immagine, 0, 0, $CanaleALPHA);// rende trasparente l'immagine
imagealphablending($Immagine, false);
imagesavealpha($Immagine, true); // l'immaigne sarà salvata con trasparenza

// alloca i colori necessari al simbolo
$Nero = imagecolorallocate($Immagine, 0, 0, 0); $Bianco = imagecolorallocate($Immagine, 255, 255, 255);

$y14 = $CY - $Raggio/4; // centro $R_CircIntGrandi, 1/4 dell'asse verticale
$R_CircIntGrandi = $Raggio * .5; // raggio $R_CircIntGrandi

$y34 = $CY + $Raggio/4; // centro $R_CircIntPiccole, 3/4 dell'asse verticale
$R_CircIntPiccole = $Raggio * .2; // raggio $R_CircIntPiccole

$N = 0; // avanzamento del disegno
$N++;$ArcoStart = 90;$ArcoEnd = 270;// emisfero sinistro in bianco
Disegna_Yin_Yang($Immagine,$CX,$CY,$Raggio,$ArcoStart,$ArcoEnd,$Bianco,$N);

$N++;$ArcoStart = 270;$ArcoEnd = 90;// emisfero destro in nero
Disegna_Yin_Yang($Immagine,$CX,$CY,$Raggio,$ArcoStart,$ArcoEnd,$Nero,$N);

$N++; $ArcoStart = 0;$ArcoEnd = 360;// circonferenza interna nella metà superiore
Disegna_Yin_Yang($Immagine,$CX,$y14,$R_CircIntGrandi,$ArcoStart,$ArcoEnd,$Bianco,$N);

$N++;// circonferenza interna nella metà superiore ($R_CircIntPiccole)
Disegna_Yin_Yang($Immagine,$CX,$y14,$R_CircIntPiccole,$ArcoStart,$ArcoEnd,$Nero,$N);

$N++;// circonferenza nella metà inferiore
Disegna_Yin_Yang($Immagine,$CX,$y34,$R_CircIntGrandi,$ArcoStart,$ArcoEnd,$Nero,$N);

$N++; // circonferenza interna nella metà inferiore ($R_CircIntPiccole)
Disegna_Yin_Yang($Immagine,$CX,$y34,$R_CircIntPiccole,$ArcoStart,$ArcoEnd,$Bianco,$N);

// circonferenza delimitante il simbolo, necessara solo se posto su uno sfondo bianco o nero
imagefilledarc($Immagine, $CX, $CY, $Raggio, $Raggio, $ArcoStart, $ArcoEnd, $Nero, IMG_ARC_NOFILL
);

imagepng($Immagine);// al browser
imagepng($Immagine, "es_122_Yin_Yang.png"); // salva
imagedestroy($Immagine);// libera memoria
?>
```
Risultato con fasi di avanzamento del disegno:

emoticons

Utilizzate prevalentemente su Internet e negli SMS, le emoticon sono riproduzioni stilizzate di espressioni facciali che esprimono un'emozione. Con GD è semplice crearne in modo dinamico ed usarle ad es. per comunicare cambiamento d'umore al verificarsi di un'evento.

es_123_emoticons

Il lavoro viene svolto dalla funzione DisegnaEmoticons che crea la faccia e gli occhi.
L'espressione facciale, "triste","arrabbiato","allegro" è disegnata di volta in volta con l'espressione della

bocca i cui parametri sono all'interno di switch ($Umore)
Modificando le dimensioni dell'immagine, l'emoticons viene disegnato adeguandosi.

```php
<?php // es_123_emoticons
function DisegnaEmoticons($Immagine,$Dim, $Umore){

// dimensioni immagine
$FacciaRaggio = $Dim * .9; $OcchiAsseO = $Dim * .1;
$OcchiAsseV = ($Dim * .1) * 1.9; $CYocchi = $Dim*.5 - ($OcchiAsseV*.5 + 10);
$CXocchioDX = $Dim*.5 - ($OcchiAsseO + 10);$CXocchioSN = $Dim*.5 + ($OcchiAsseO + 10);

$Bocca=$Dim*0.6;
$Nero=imagecolorallocate($Immagine,0,0,0); $Giallo=imagecolorallocate($Immagine,255,255,0);

// faccia
imagefilledarc($Immagine, $Dim*.5,$Dim*.5,$FacciaRaggio,$FacciaRaggio ,0,360,$Giallo , IMG_ARC_PIE);

// occhi
imagefilledellipse($Immagine,$CXocchioDX,$CYocchi,$OcchiAsseO,$OcchiAsseV,$Nero);
imagefilledellipse($Immagine,$CXocchioSN,$CYocchi,$OcchiAsseO,$OcchiAsseV,$Nero);

switch ($Umore) { // bocca per umore richiesto
case 'allegro':$Cx = $Dim * .5; $Cy = $Dim * .5; $I = 10; $F = 170;break;

case 'triste':$Cx = $Dim * .5; $Cy = $Dim *.9; $I = 210; $F = 330;break;

case 'arrabbiato'://  disegna bocca arrabbiata
imagesetthickness($Immagine, 3);
$Y = $Dim * .7; $denti = $OcchiAsseO * .6;
for($x = $CXocchioDX; $x< $CXocchioSN; $x+=20){
imageline ($Immagine, $x , $Y , $x+20, $Y + $denti , $Nero );
imageline ($Immagine, $x , $Y , $x , $Y + $denti , $Nero );
}
imagesetthickness($Immagine, 1);
break;
}

if($Umore <> "arrabbiato"){imagearc($Immagine,$Cx,$Cy,$Bocca,$Bocca,$I,$F,$Nero);}

header("Content-type: image/png");
imagepng($Immagine,"es_123_emoticons_".$Umore.".png"); // salva emoticon terminato
}

$Dim=200;
$Immagine = imagecreatetruecolor($Dim,$Dim);
// alloca il colore per la trasparenza
$CanaleALPHA = imagecolorallocatealpha($Immagine, 204, 204, 204, 127 );
// rende trasparente l'immagine colorandola con il canale Alpha valore 127
imagefill($Immagine, 0, 0, $CanaleALPHA);
imagealphablending($Immagine, false);
imagesavealpha($Immagine, true); // l'immagine sarà salvata con trasparenza

$U = array("triste","arrabbiato","allegro");
for($x=0; $x<3;$x++){DisegnaEmoticons($Immagine,$Dim, $U[$x]);}
imagepng($Immagine); // al monitor
imagedestroy($Immagine); // libera memoria
?>
```
Risultati:

Bandiere al vento

Considerando l'immagine una matrice bidimensionale di pixel, è possibile riorganizzarla liberamente.
Un modo è quello di creare nuove immagini applicandovi distorsioni che abbiano una qualche utilità.

es_124_Bandiere al vento

http://www.taccetti.net/web/phpgd2/index.php?id=125

Nello script, viene caricata in memoria un'immagine sorgente già esistente con raffigurata una bandiera.
Ne vengono lette le dimensioni e con quelle creata un'immagine $Risultato vuota e trasparente.
Sono poi letti, uno per uno, i pixel dell'immagine sorgente, calcolata una distorsione, e quindi, questo valore,
scritto nell'immagine $Risultato.

```php
<?php // es_124_Bandiera_al_vento
function EffettoVento($Immagine){
$Larghezza = imagesx($Immagine); $Altezza = imagesy($Immagine); // dimensioni immagine
$Risultato = imagecreatetruecolor($Larghezza,$Altezza); // immagine vuota delle stesse dimensioni

$CanaleAlpha = imagecolorallocatealpha($Risultato, 0, 0, 0, 127);
imagefill($Risultato, 0, 0, $CanaleAlpha);
imagealphablending( $Risultato,false);
imagesavealpha($Risultato, true); // salva con trasparenza

for ($x = 0; $x < $Larghezza; $x++) {// scansione immagine sorgente
        for ($y = 0; $y < $Altezza; $y++) {
        $rgba = imagecolorsforindex($Immagine, imagecolorat($Immagine, $x, $y));// legge pixel

// alloca colore con dati letti nel pixel
$Colore = imagecolorallocatealpha($Risultato,$rgba["red"], $rgba["green"], $rgba["blue"], $rgba["alpha"]);

// applica distorsione su asse y
$DistrorsioneY = ($y + round(15*cos($x/75)) + $Altezza) % $Altezza;
imagesetpixel($Risultato, $x, $DistrorsioneY, $Colore); // scrive i pixel nell'immagine $Risultato
}}

header("Content-type: image/png");
imagepng($Risultato,"es_124_Bandiera_al_vento.png"); // salva immagine
imagepng($Risultato); // al browser
}

$Immagine = imagecreatefrompng('bandiera.png'); // carica immagine
EffettoVento($Immagine); // modifica immagine

imagedestroy($Immagine); imagedestroy($Risultato);// libera memoria
?>
```

Risultato:

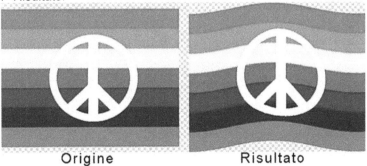

Origine   Risultato

Maschere

In informatica col termine maschera si intende genericamente uno schema che compare sullo schermo per consentire un'immissione di dati controllata.
Alla sezione "Circonferenze poligoni e stelle" è stato fatto uso di maschere per ottenere effetti 3D.
Nella grafica al PC, maschera è anche la selezione di parte di un'immagine isolandola dal resto del contesto, ovvero, creare maschere opache per proteggere lo sfondo e modificare il soggetto oppure per proteggere il soggetto e modificare il contesto intorno.

Maschera per ottenere e spostare

Facendo uso di una maschera viene prelevata una porzione ovale da un'immagine (panorama di Firenze) e con questa creata una immagine nuova dove la porzione ovale precedente è su fondo trasparente.
Al posto dell'ovale può essere usata una qualsiasi altra figura chiusa.
Questa immagine viene poi copiata su di una mappa della Toscana in un punto a scelta, eventualmente cambindone le dimensioni.
Le immagini sono salvate più volte per mostrare l'avanzamento del lavoro.

es_126_estrae_trasferisce_figura_ovale

http://www.taccetti.net/web/phpgd2/index.php?id=126

Lo script si avvale di due funzioni:
*   ApplicaMaschera(), dove applicando la maschera viene estratta la parte che interessa
*   CopiaEstrattoCon_imagecopyresampled(), dove viene copiato l'estratto precedente sull'immagine finale.

Le varabili interessate sono:

* $Cx, $Cx, centro X,Y della maschera
* $RaggioX, $RaggioY, dimensione orizzontale e verticale della maschera
* $GradiStart, $GradiEnd, punti di inizio e termine dell'arco prelevato per la maschera
* $imagecopyresampledX, $imagecopyresampledY, punto X,Y dell'immagine finale dove verrà coopiato il contenuto della maschera
* $IngrandimentoRiduzione, dimensioni della maschra copiata, 1 corrisponte alle dimensioni d'origine

Le immagini usate nello script sono:

*   es_126_Firenze.png, letta da supporto fisico e dalla quale estratta un porzione.
*   es_126_Toscana.png, letta da supporto fisico, su essa sarà copiata, in un punto a scelta la porzione estratta.

```php
<?php // es_126_estrae_trasferisce_figura_ovale
$Cx = isset($_POST['Cx']) ? $_POST['Cx'] : 160;
$Cy = isset($_POST['Cy']) ? $_POST['Cy'] : 120;
$RaggioX = isset($_POST['RaggioX']) ? $_POST['RaggioX'] : 200;
$RaggioY = isset($_POST['RaggioY']) ? $_POST['RaggioY'] : 150;
$GradiStart = isset($_POST['GradiStart']) ? $_POST['GradiStart'] : 150;
$GradiEnd = isset($_POST['GradiEnd']) ? $_POST['GradiEnd'] : 30;
$imagecopyresampledX = isset($_POST['imagecopyresampledX']) ?
$_POST['imagecopyresampledX'] : 0;
$imagecopyresampledY = isset($_POST['imagecopyresampledY']) ?
$_POST['imagecopyresampledY'] : 0;
$IngrandimentoRiduzione=isset($_POST['IngrandimentoRiduzione'])?$_POST['Ingrandim
entoRiduzione']:1;
function ApplicaMaschera(&$Imma_Firenze, $Imma_Maschera, $Larghezza, $Altezza,
$RaggioX,$RaggioY){
// nuova immagine dimensioni $Imma_Firenze
$Imma_FirenzeNEW = imagecreatetruecolor($Larghezza, $Altezza);

$TrasparenzaAlpha = imagecolorallocatealpha($Imma_FirenzeNEW,0,0,0,127 );// colore
trasparente
imagesavealpha($Imma_FirenzeNEW, true); // salvataggio con trasparenza
imagefill($Imma_FirenzeNEW,0,0,$TrasparenzaAlpha); // rende l'immagine trasparente
for($x = 0; $x < $Larghezza; $x++ ){// legge pixel per pixel l'immagine $Imma_Maschera
for($y = 0; $y < $Altezza; $y++ ){
// risultato del pixel $alpha
$alpha = imagecolorsforindex($Imma_Maschera, imagecolorat($Imma_Maschera, $x, $y));
$alpha = 127 - floor( $alpha[ 'red' ] / 2 ); // opacità necessaria per $Imma_FirenzeNEW

// inserisce nell'array $color
$color = imagecolorsforindex($Imma_Firenze, imagecolorat($Imma_Firenze, $x, $y));
// alloca i colori con i dati letti alla riga precedente, qui può essere applicato un filtro
colore
// ad esempio $color[ 'blue' ]>>1 per darle un effetto di antico
$K = imagecolorallocatealpha($Imma_FirenzeNEW, $color[ 'red' ], $color[ 'green' ], $color[
'blue' ], $alpha );
imagesetpixel($Imma_FirenzeNEW, $x, $y, $K); // scrive i nuovi dati
}}
// libera memoria e prosegue il ciclo
imagedestroy( $Imma_Firenze );$Imma_Firenze = $Imma_FirenzeNEW;
}
```

```php
function CopiaEstrattoCon_imagecopyresampled($Imma_Firenze,
    $XX,$YY,
    $RaggioX,$RaggioY,
    $Cx , $Cy,
    $imagecopyresampledX,$imagecopyresampledY,
    $IngrandimentoRiduzione)
{
imagepng($Imma_Firenze,"es_126_CopiaEstrattoCon_imagecopyresampled.png");//
salva
$Imma_Toscana = imagecreatefrompng('es_126_Toscana.png');// carica immagine della
Toscana
imagesavealpha($Imma_Toscana, true); // salvataggio con trasparenza
// dimensioni immagine da sovrapporre
$Imma_FirenzeX = imagesx ($Imma_Firenze);$Imma_FirenzeY = imagesy
($Imma_Firenze);
$XX = $RaggioX/2 - $Cx; // distanza zero margine sinistro
$YY = $RaggioY/2 - $Cy; // distanza zero dal margine superiore
$XX = $XX + $imagecopyresampledX; // posizione orizzontale dove visualizzare estratto
$YY = $YY + $imagecopyresampledY; // posizione verticale dove visualizzare estratto
// copia estratto da Firenze su mappa della Toscana
imagecopyresampled($Imma_Toscana , $Imma_Firenze ,
$XX * $IngrandimentoRiduzione, $YY * $IngrandimentoRiduzione, // x,y destinazione
0 , 0 , // x,y sorgente
$Imma_FirenzeX * $IngrandimentoRiduzione, $Imma_FirenzeY *
$IngrandimentoRiduzione,
$Imma_FirenzeX, $Imma_FirenzeY // larghezza, altezza sorgente
);
$Nero = imagecolorallocate($Imma_Toscana,0,0,0);
imagestring($Imma_Toscana ,4,10,200,"Imma_Firenze
=".$Imma_FirenzeX."x".$Imma_FirenzeY , $Nero );
imagestring ($Imma_Toscana , 4 , 10 , 220 , "Raggi X,Y = ".$RaggioX."x".$RaggioY , $Nero
);
imagestring ($Imma_Toscana , 4 , 10 , 240 , "Centro X,Y = ".$Cx."x".$Cy , $Nero );
imagepng($Imma_Toscana,"es_126_Toscana_Firenze_imagecopyresampled.png");// salva
}
// carica immagine esistente sulla quale verrà applicata la maschera
$Imma_Firenze = imagecreatefrompng('es_126_Firenze.png');
$Larghezza = imagesx($Imma_Firenze);$Altezza = imagesy($Imma_Firenze); // preleva
le dimensioni
$Imma_Maschera = imagecreatetruecolor($Larghezza, $Altezza);// crea maschera stesse
dimensioni
$Viola = imagecolorallocate($Imma_Maschera, 255, 0, 255);// colore opaco per l'ellisse
```

```
// crea zona dove avverrà la copia del particolare di $Imma_Firenze
imagefilledarc($Imma_Maschera ,
            $Cx , $Cy ,
            $RaggioX , $RaggioY ,
            $GradiStart , $GradiEnd ,
            $Viola ,
            IMG_ARC_PIE
            );
imagepng($Imma_Maschera,"es_126_A_Maschera.png");// salva maschera

ApplicaMaschera($Imma_Firenze, $Imma_Maschera,
            $Larghezza, $Altezza,
            $RaggioX,$RaggioY
            );// Applica la maschera
$XX = 0; // distanza dal margine sinistro della parte prelevata
$YY = 0; // distanza dal margine superiore della parte prelevata
CopiaEstrattoCon_imagecopyresampled($Imma_Firenze,
            $XX,$YY,
            $RaggioX,$RaggioY,
            $Cx , $Cy,
            $imagecopyresampledX,$imagecopyresampledY,
            $IngrandimentoRiduzione
            );
imagepng($Imma_Firenze,"es_126_estrae_figura_ovale.png");// salva
imagedestroy($Imma_Maschera);// libera memoria
?>
<!doctype html><html><head><meta charset="utf-8"></head><body>
<img src="es_126_Toscana_Firenze_imagecopyresampled.png"><br>
</body></html>
```

Fasi dello script e risultato:

Origine

Maschera

Estratto da origine con maschera

Nuovo fondo immagine

Risultato con imagecopyresampled

Gradienti

L'effetto gradiente, a volte definito anche sfumatura fra colori, è un insieme di sfumature affiancate e degradanti una verso l'altra secondo determinati criteri.
Il gradiente può essere lineare, da sinistra verso destra o dal basso verso l'alto, ellittico o circolare quando i colori degradano da un punto centrale verso il perimetro oppure colorare l'interno di forme complesse.
L'effetto è creato mediante l'accostamento di linee di colore diverso degradanti da una tonalità all'altra.
Per es. in una gradazione dal bianco verso il nero, avremo la prima linea completamente bianca, poi grigia di un grigio molto tenue, poi leggermente più scuro e così via fino a raggiungere l'ultima linea in nero.
Per i gradienti non lineari, il principio di progressione dei colori è identico ma invece di linee sono usate circonferenze, archi rettangoli ecc.

Per ottenere una resa ottimale è bene tenere conto di alcuni criteri:

- Sia impostata una certa ampiezza di sfumatura, consentendo passaggi più graduali estremi.
- Non usare colori con eccessiva distanza cromatica fra loro..

Moltissimi software grafici, Gimp, Photoshop ecc. dispongono di strumenti per creare gradienti, e strumenti on-line permettono elaborazioni simili.
PHP dispone della libreria GD con la quale è possibile creare gradienti sofisticati senza necessità d'altro.
Come in informatica spesso accade, possono esserci vari metodi per raggiungere lo stesso obiettivo e di solito la scelta più idonea è suggerita dalla valutazione di molti fattori.

Anche gli esempi che seguono non fanno eccezione.

Gradiente_lineare

Nello scrit viene creato un gradiente lineare fra due colori.
La scelta è fra 6 colori, ma l'esempio è adattabile a tutta la gamma truecolor.

es_128_gradiente_lineare

http://www.taccetti.net/web/phpgd2/index.php?id=127

Con $_POST è simulata l'acquisizione dei dati, poi dichiarati gli array $ColNUM e $ColTXT che contengono rispettivamente i valori esadecimali dei colori ed i loro nomi.
La preparazione al gradiente viene svolta nella funzione CanaliStartEnd().
La funzione CanaliStartEnd() è invocata due volte passandole prima il colore di inizio e fine gradente.
Ritornano, rispettivamente, i valori decimali di ciascun canale per i due estremi del gradiente.

Viene poi calcolato l'incremento di ciascun canale colore in relazione allo spazio da disegnare (in questo caso orizzontale) inserendolo nell'array $rgbINCREMENTO.
Questo valore è diverso per ciascun canale e proporzionale alla superfice da coprire.
Viene poi lanciato un loop sull'immagine per la parte da colorare.
Ad ogni ciclo, ciascun canale colore viane incrementato del valore di $rgbINCREMENTO ed il colore continuamente allocato degradando dolcemente fra gli estremi richiesti.

```php
<?php // es_128_gradiente_lineare
$ColoreA = isset($_POST['ColoreA']) ? $_POST['ColoreA'] : 2;
$ColoreB = isset($_POST['ColoreB']) ? $_POST['ColoreB'] : 0;
```

```php
$ColHEX = array(); $ColTXT = array(); // colori e loro nomi
$ColHEX[0] = "FF0000"; $ColTXT[0] = "Rosso"; $ColHEX[1] = "00FF00"; $ColTXT[1] = "Verde";
$ColHEX[2] = "0000FF"; $ColTXT[2] = "Blu";             $ColHEX[3] = "FFFF00"; $ColTXT[3] = "Giallo";
$ColHEX[4] = "FF00FF"; $ColTXT[4] = "Viola";    $ColHEX[5] = "00FFFF"; $ColTXT[5] = "Azzurro";

$Larghezza = 700; $Altezza = 200;// dimensioni immagine
$Immagine = imagecreatetruecolor($Larghezza, $Altezza); // crea immagine

function CanaliStartEnd($ColHEX,$Colore){// valore decimale canali
        $rgb = array();
        $rgb[0] = hexdec(substr($ColHEX[$Colore],0,2)); // rosso;
        $rgb[1] = hexdec(substr($ColHEX[$Colore],2,2)); // verde
        $rgb[2] = hexdec(substr($ColHEX[$Colore],4,2)); // blu
return $rgb; // ritorna quantità colore di pertenza per ognuno dei 3 canali
}

$Colore = $ColoreA;
$rgbSTART = CanaliStartEnd($ColHEX,$Colore);

//echo "<br>".$rgbSTART[0]." | ".$rgbSTART[1]." | ".$rgbSTART[2];// valori decimali iniziali canali colore
$Colore = $ColoreB;

$rgbEND = CanaliStartEnd($ColHEX,$Colore);

//echo "<br>".$rgbEND[0]." | ".$rgbEND[1]." | ".$rgbEND[2];// valori decimali finali canali colore
$rgbINCREMENTO = array();

for($i = 0; $i<3; $i++)
{
$rgbINCREMENTO[$i]=($rgbEND[$i]-$rgbSTART[$i]) / $Larghezza; //incremento valore per ciascun colore
}

//echo "<br>".$rgbINCREMENTO[0]." | ".$rgbINCREMENTO[1]." | ".$rgbINCREMENTO[2];
// incremento di ciascun canale colore
for($x=0; $x<$Larghezza; $x++){// loop sull'immagine
$Colore = imagecolorallocate($Immagine, $rgbSTART[0],$rgbSTART[1],$rgbSTART[2]); // alloca il colore
imageline($Immagine,$x,0,$x,($Altezza), $Colore); // linea verticale

// incrementa valori dei canali canali
$rgbSTART[0] = $rgbSTART[0] + $rgbINCREMENTO[0]; // rosso
$rgbSTART[1] = $rgbSTART[1] + $rgbINCREMENTO[1]; // verde
$rgbSTART[2] = $rgbSTART[2] + $rgbINCREMENTO[2]; // blu
}

header('Content-Type: image/png');
imagepng($Immagine,"es_128_gradiente_lineare.png"); // salva
imagepng($Immagine); // al browser
imagedestroy($Immagine); // libera memoria
?>Risultato:
```

es_129_gradiente_lineare_3_colori

http://www.taccetti.net/web/phpgd2/index.php?id=128

Con una tecnica simile è possibile creare gradienti a tre o più colori che degradano fra loro, basta ricordarsi che il colore finale è l'iniziale del gradiente successivo.

```php
<?php // es_129_gradiente_lineare_3_colori
$ColoreA = isset($_POST['ColoreA']) ? $_POST['ColoreA'] : 3;
$ColoreB = isset($_POST['ColoreB']) ? $_POST['ColoreB'] : 0;
$ColoreC = isset($_POST['ColoreC']) ? $_POST['ColoreC'] : 4;

$ColHEX = array(); $ColTXT = array(); // colori e loro nomi
$ColHEX[0] = "FF0000"; $ColTXT[0] = "Rosso";  $ColHEX[1] = "00FF00"; $ColTXT[1] = "Verde";
$ColHEX[2] = "0000FF"; $ColTXT[2] = "Blu";            $ColHEX[3] = "FFFF00"; $ColTXT[3] = "Giallo";
$ColHEX[4] = "FF00FF"; $ColTXT[4] = "Viola";    $ColHEX[5] = "00FFFF"; $ColTXT[5] = "Azzurro";

$Larghezza = 700; $Altezza = 200;// dimensioni immagine
$Immagine = imagecreatetruecolor($Larghezza, $Altezza); // crea immaigine

function CanaliStartEnd($ColHEX,$Colore){// valore decimale canali
        $rgb = array();
        $rgb[0] = hexdec(substr($ColHEX[$Colore],0,2)); // rosso;
        $rgb[1] = hexdec(substr($ColHEX[$Colore],2,2)); // verde
        $rgb[2] = hexdec(substr($ColHEX[$Colore],4,2)); // blu
return $rgb; // ritorna quantità colore di pertenza per ognuno dei 3 canali
}

function CalcolaIncremento($rgbSTART,$rgbEND,$Estensione){//calcola incremento per canale colore
        $rgbINCREMENTO = array();
        for($i = 0; $i<3; $i++)// incremento valore per ciascun colore
        {$rgbINCREMENTO[$i] = ($rgbEND[$i]-$rgbSTART[$i]) / $Estensione; }
return $rgbINCREMENTO; // ritorna incremento per ciascun canale colore
}

function DisegnaGradiente($Immagine,$Altezza,$Estensione,
        $rgbSTART,$rgbINCREMENTO,
        $StartGradiente,$EndGradiente
        )

{
for($x=$StartGradiente; $x<$EndGradiente; $x++){// loop sull'immagine
$Colore = imagecolorallocate($Immagine, $rgbSTART[0],$rgbSTART[1],$rgbSTART[2]); // alloca il colore
imageline($Immagine,$x,0,$x,($Altezza), $Colore); // linea verticale

// incrementa valori dei canali canali
$rgbSTART[0] = $rgbSTART[0] + $rgbINCREMENTO[0]; // rosso
$rgbSTART[1] = $rgbSTART[1] + $rgbINCREMENTO[1]; // verde
$rgbSTART[2] = $rgbSTART[2] + $rgbINCREMENTO[2]; // blu
}
}

function StartNEW($rgbSTART,$rgbEND){// nuovo colore start è il colore end dalla fase precedente
        for($i=0; $i<3; $i++){$rgbSTART[$i] = $rgbEND[$i];}
return $rgbSTART;
}

/*** fase 1 colori A B ***/
$Colore = $ColoreA;
$rgbSTART = CanaliStartEnd($ColHEX,$Colore);// ritorna quantità colore per ogni canal
$Colore = $ColoreB;
$rgbEND = CanaliStartEnd($ColHEX,$Colore);// ritorna quantità colore per ogni canale
$Estensione = $Larghezza/2;
$rgbINCREMENTO=CalcolaIncremento($rgbSTART,$rgbEND,$Estensione);//calcola incremento per canale

$StartGradiente = 0; $EndGradiente = $Larghezza/2;
DisegnaGradiente($Immagine,$Altezza,$Estensione,
                $rgbSTART,$rgbINCREMENTO,
                $StartGradiente,$EndGradiente); // COLORI A B

/*** fase 2 colori B C ***/
$rgbSTART=StartNEW($rgbSTART,$rgbEND); //nuovo colore iniziale è il colore finale della fase precedente
        $Colore = $ColoreC;
```

```
$rgbEND = CanaliStartEnd($ColHEX,$Colore);// ritorna quantità colore ogni canale
$Estensione = $Larghezza/2;
$rgbINCREMENTO=CalcolaIncremento($rgbSTART,$rgbEND,$Estensione);//calcola incremento canale
$StartGradiente = $Larghezza/2; $EndGradiente = $Larghezza;

DisegnaGradiente($Immagine,$Altezza,
        $Estensione,$rgbSTART,$rgbINCREMENTO,
        $StartGradiente,$EndGradiente); // COLORI B C


header('Content-Type: image/png');
imagepng($Immagine,"es_129_gradiente_lineare_3_colori.png"); // salva
imagepng($Immagine); // al browser
imagedestroy($Immagine); // libera memoria
?>Risultato:
```

es_130_gradiente_sferico

Potendo usare solo 2 canali colore perchè il terzo ha sempre lo stesso valore, creare gradineti diventa più agevole come nel seguente script per un gradiente sferico con il canale blu a alpha sempre a valore zero. Esso è fatto su di un'immagine png completamente trasparente caricata da supporto rigido.

```
<?php // es_130_gradiente_sferico
$Immagine = imagecreatefrompng('ImmagineTrasparente.png'); // carica immagine
$Larghezza = imagesx($Immagine); $Altezza = imagesy($Immagine); // dimensioni
imagesavealpha($Immagine, true); // imposta flag per salvare informazioni canale Alpha

for($z = 10; $z <= $Larghezza/2; $z++){// creazione colori 10=distanza da margine
        $ColoreCorrente = imagecolorallocatealpha(
        $Immagine,
        2 * 255 * $z / $Larghezza, // rosso
        2 * 255 * $z / $Larghezza, // verde
        0, // blu
        50 // alpha
        );

imagefilledellipse($Immagine, // disegna ripetutamente la circonferenza
        $Larghezza/2, $Altezza/2, // centro immagine
        $Larghezza-2 * $z, $Altezza-2 * $z, // circonferenza
        $ColoreCorrente //colore
        );
}
header('Content-Type: image/png');
imagepng($Immagine,"es_130_gradiente_sferico.png"); // salva
imagepng($Immagine); // al browser
imagedestroy($Immagine); // libera memoria
?>Risultato:
```

es_132_gradiente_stella_imagerectangle

Un effetto stella è creato con la funzione imagerectangle() passandole i punti del piano cartesiano. Disegnando secondo gli esempi della sezione "Circonferenze, poligoni e stelle" il risultato sarebbe più universale, ma, volendo scrivere solo di gradiente, il codice sarebbe meno chiaro.
Un rombo, sempre più piccolo, è disegnato più volte, degradandone i colori.
Esso è fatto su di un'immagine png completamente trasparente caricata da supporto rigido.

```php
<?php // es_132_gradiente_stella_imagerectangle
$Immagine = imagecreatefrompng('ImmagineTrasparente.png');
$Larghezza = imagesx($Immagine); $Altezza = imagesy($Immagine); // dimensioni
imagesavealpha($Immagine, true); // imposta flag per salvare canale Alpha

for($d=10; $d<($Larghezza+1)/2; $d++){//10=distanza primo rettangolo da margine esterno
        $r = (255.0/150 * $d); // rosso
        $g = 40; // verde
        $b = 255- (255.0/150 * $d); // blu
        $Colore = imagecolorallocatealpha($Immagine, $r,$g,$b, 25); // colore corrente

imagerectangle($Immagine,$d,$d,$Larghezza-$d ,$Altezza-$d, $Colore);//disegna rettangolo
}

header('Content-Type: image/png');
imagepng($Immagine,"es_132_gradiente_stella_imagerectangle.png"); // salva
imagepng($Immagine); // al browser
imagedestroy($Immagine); // libera memoria
?>Risultato:
```

es_133_gradiente_stella_imagepolygon

Un effetto stella simile al precedente ma ruotato di 90 gradi è disegnato con i vertici alla metà dei lati dell'immagine che lo contiene. Sono passati direttamente i punti del piano cartesiano.
Il poligono è disegnato più volte, sempre inscritto nel precedente degradandone i colori.
Esso è fatto su di un'immagine png completamente trasparente caricata da supporto rigido.

```php
<?php // es_133_gradiente_stella_imagepolygon
$Immagine = imagecreatefrompng('ImmagineTrasparente.png'); // carica immagine
$Larghezza = imagesx($Immagine); $Altezza = imagesy($Immagine); // dimensioni
imagesavealpha($Immagine, true); // imposta flag per salvare canale Alpha

for($z=0;$z<$Larghezza/2+1;$z++){ // disegna poligoni inscritti nel poligono precedente
        $r = 0; // rosso
        $g= (255.0/($Larghezza/2) * $z); // verde
        $b = 255- (255.0/($Larghezza/2) * $z); // blu
        $Colore = imagecolorallocatealpha($Immagine, $r,$g,$b,5); // colore corrente

imagepolygon($Immagine, array(// disegna il poligono
        $Larghezza/2, 0 + $z, // angolo ore 12, aumenta su asse su y
        $Larghezza-$z , $Altezza/2,// angolo ore 9, diminuisce su asse x
        $Larghezza/2 , $Altezza - $z, // angolo ore 6, diminuisce su asse y
        0 + $z , $Altezza/2 // angolo ore 3, aumenta su asse x
        ),4,
        $Colore);
}
```

```
header('Content-Type: image/png');
imagepng($Immagine,"es_133_gradiente_stella_imagepolygon.png"); // salva
imagepng($Immagine); // al browser
imagedestroy($Immagine); // libera memoria
?>Risultato:
```

Corona di stelle con gradiente

Basandosi sullo script es_117_generatore_di_stelle, il seguente codice crea una corona di stelle alle quali viene applicato un gradiente.

es_134_stelle_e_gradiente

http://www.taccetti.net/web/phpgd2/index.php?id=132

Nello script, completament ecommentato,
su di un'immagine quadrata è disegnata una circonferenza con n stelle equidistanti colorate con gradiente.

La costante define('DIMSTAR', 150); contiene le dimensioni del contenitore quadrato di gradiente e stella. Ogni stella è creata inscrivendo 2 poligoni in circonferenze di diverso raggio ed unendo alternativamente i punti delle 2 circonferenze.

La lunghezza dei raggi delle stelle è data dalla differenza dei raggi fra le due circonferenze.

La distanza fra le stelle è determinata dalla loro quantità, mentre la rotazione sul proprio asse ed il numero dei raggi definito a piacere.

I punti di ogni stella sono calcolati per ciascuna di esse ruotandole come da istruzioni ricevute con $_POST['VerticiInizio'] e variato con $Step = 10; espresso in gradi rotazione delle stelle successive.

Essendo, le stelle, inscritte in circonferenza, ruotando sul proprio asse centrale non determinano un ingrandimento dell'immagine che viene poi copiata nella figura finale.

Sono salvate le immagini in elaborazione per mostrare il funzionamento dello script queste sono:

- es_134_Imma_Gra.png, contiene il gradiente creato
- es_134_Imma_Stella.png, stella rossa per determinarne limiti dove copiare il gradiente
- es_134_stelle_e_gradiente.png, risultato finale, contiene stelle con gradiente in circonferenza

Variabili:

- $DimensioneImmagine, dimensione dell'immagine stella e del gradinete necessario a colorarla.
  Usato come costante define('DIMSTAR', $DimensioneImmagine); nello script
  L'immagine finale è 4 volte più grande
  La dimensione dell'immagine contenitore viene calcolata su questa.
- $StelleQuantita, quantità delle stelle che comporranno la figura risultato finale
- $VerticiQuantita, Quantità punte di ciascuna stella.
- $VerticiInizio, punto di disegno, espresso in gradi, del priomo raggio della stella.
- $Gradiente, gradiente usato nello script
- $GradientiColore, nomi dei gradienti disponibili nello script

Funzioni dello script e loro variabili:

- RendeImmagineTrasparente(), rende trasparente immagine passata

- CreaGradiente(), disegna un gradiente sferico del colore settato
- DeterminaValori(DIMSTAR, $VerticiQuantita, $VerticiInizio);
  - $VerticiQuantita, quantità dei raggi della stella
  - $VerticiInizio, espresso in gradi, posizione del primo raggio
    - ritorna $PuntiXYa o $PuntiXYb, array dei punti xy cartesiani dei vertici
- DisegnaStella(), disegna una stella colorata usando i valori tornati da DeterminaValori()
  - $PuntiXYa, $PuntiXYb, punti x,y sul paino cartesiano
  - $Colore, colore della stella
- StelleSuContenitore(), disegna le stelle sull'immagine risultato
  - $Immagine, immagine risultato
  - $Imma_Gra, immagine con gradiente
  - $Imma_Stella, immagine con stella
  - $StarX, $StarY, coordinate cartesiane della stella

```php
<?php // es_134_stelle_e_gradiente
$DimensioneImmagine=isset($_POST['DimensioneImmagine'])?$_POST['DimensioneImmagine']:75;
$StelleQuantita = isset($_POST['StelleQuantita']) ? $_POST['StelleQuantita'] : 9;
$VerticiQuantita = isset($_POST['VerticiQuantita']) ? $_POST['VerticiQuantita'] : 7;
$VerticiInizio = isset($_POST['VerticiInizio']) ? $_POST['VerticiInizio'] : 0;
$Gradiente = isset($_POST['Gradiente']) ? $_POST['Gradiente'] : 0;
$GradientiColore = array('Viola','Giallo','Verde','Argento');


function StelleSuContenitore($Immagine,$Imma_Gra,$Imma_Stella,$StarX,$StarY){
// al centro dell'immagine a stella viene letto il colore da sostituire con il gradiente
$ColoreDaSostituire = imagecolorat($Imma_Stella,DIMSTAR /2,DIMSTAR /2);

// esegue scansione delle immagini $Imma_Stella e $Imma_Gra leggendo ogni pixel con imagecolorat()
for($x=0;$x<DIMSTAR;$x++){
        for($y=0;$y<DIMSTAR;$y++){
                $P_stella = imagecolorat($Imma_Stella, $x,$y); // colore stella nel pixel $x,$y
                $P_sfera = imagecolorat($Imma_Gra, $x,$y); // colore sfera nel pixel $x,$y
                if($P_stella == $ColoreDaSostituire){ // se il colore è quello da sostituire

        // lo scrive in $Immagine alle coordinate cartesiane
imagesetpixel($Immagine, ($StarX- DIMSTAR*.5) + $x, ($StarY-DIMSTAR*.5) + $y, $P_sfera);
}}}
return $Immagine;
}

function DeterminaValori($Raggio, $VerticiQuantita, $VerticiInizio) {// coordinate vertici int ed est stella
        $PuntiXY = array(); // Inizializza l'array vertici su piano cartesiano
        $Corda = 360/ $VerticiQuantita; // distanza fra i vertici del poligono inscritto
        for($V = 0; $V < $VerticiQuantita; $V ++){ // scorre corde calcolando i punti cartesiani
        $VerticeCorrente = $VerticiInizio + $Corda;

$sin = sin(deg2rad($VerticeCorrente)); $cos = cos(deg2rad($VerticeCorrente)); // valori in radianti
$RadX = round($cos*(0) - $sin*($Raggio * .5 * -1)); // punto X su cartesiano
$RadY = round($sin*(0) + $cos*($Raggio * .5 * -1)); // punto Y su cartesiano

// Spinge il valore nella matrice base/vertice dei raggi della stella
array_push($PuntiXY, DIMSTAR/2 + $RadX); array_push($PuntiXY, DIMSTAR/2 + $RadY);

$VerticiInizio += $Corda; // nuovo vertice
}
return $PuntiXY; // punti xy sul piano cartesiano dei vertici
}

function DisegnaStella($PuntiXYa, $PuntiXYb, $Colore){
$Imma_Stella = imagecreatetruecolor(DIMSTAR,DIMSTAR);// contenitore stella
$Imma_Stella = RendeImmagineTrasparente($Imma_Stella); // rende l'immagine trasparente
$VerticiQuantita = count($PuntiXYa) / 2; // quantità raggi della stella
$Vertici = array(); // quntità punti fra i quali tracciare la stella
```

```php
for($z = 0; $z<$VerticiQuantita * 2; $z+=2){ //inserisce alternati punti interni/esterni in array $Vertici
array_push($Vertici, $PuntiXYa[$z]);array_push($Vertici, $PuntiXYa[$z+1]);// esterni
array_push($Vertici, $PuntiXYb[$z]);array_push($Vertici, $PuntiXYb[$z+1]);// interni
}
// disegna la stella della rotazione stabilita in $VerticiInizio e $Step
imagefilledpolygon($Imma_Stella, $Vertici, $VerticiQuantita * 2 , $Colore );
return $Imma_Stella; // ritorna immagine con stella
}
function RendeImmagineTrasparente($Imma){// rende trasparente ogni immagine passata
imagesavealpha($Imma, true); // imposta il flag per salvare informazioni con canale Alpha
$CanaleAlpha = imagecolorallocatealpha($Imma, 0, 0, 0, 127);// colore trasparente
imagefill($Imma, 0, 0, $CanaleAlpha); // rende l'immagine trasparente
return $Imma; // rende l'immagine resa trasparente
}
function CreaGradiente($Imma_Gra,$Gradiente){ // disegna un gradiente sferico
$x = DIMSTAR/2; $y = DIMSTAR/2; // coordinate x,y centro immagine

switch ($Gradiente)// seleziona gradiente da applicare
{
case 0:$r = 255;$g = 0;$b = 255;break;// viola
case 1:$r = 255;$g = 255;$b = 0;break;// verde
case 2:$r = 0;$g = 255;$b = 255;break;// giallo
case 3:$r = 255;$g = 255;$b = 255;break;// argento
}
for ($z = 0; $z <= DIMSTAR / 2; $z++){ // crea colore per gradiente
$ColoreCorrente = imagecolorallocate($Imma_Gra,
        2 * $r * $z / DIMSTAR, // rosso
        2 * $g * $z / DIMSTAR, // verde
        2 * $b * $z / DIMSTAR // blu
        );
imagefilledellipse( // disegna sfera con gradiente
$Imma_Gra, // nome immagine
$x,     $y, // coordinate x,y del centro
DIMSTAR - 2*$z, DIMSTAR - 2 * $z, // raggi
$ColoreCorrente);
}
return $Imma_Gra; // ritorna immagine con gradiente sferico
}
// difinisce costante globale per contenitore gradiente e stella
// immagine finale è 4 volte più grande
//$DimensioneImmagine = 100;

define('DIMSTAR', $DimensioneImmagine);// dimensioni contenitore quadrato di gradiente e stella
$Imma_Gra = imagecreatetruecolor(DIMSTAR,DIMSTAR); // crea immagine per gradiente
$Imma_Gra = RendeImmagineTrasparente($Imma_Gra); // rende l'immagine trasparente
$Imma_Gra = CreaGradiente($Imma_Gra,$Gradiente); // crea gradiente sferico sull'immagine
imagepng($Imma_Gra,"es_134_Imma_Gra.png"); // salva immagine con gradiente
$Immagine = imagecreatetruecolor(DIMSTAR*4,DIMSTAR*4);// immagine finale, stelle con gradiente
$Immagine = RendeImmagineTrasparente($Immagine); // rende l'immagine trasparente
$VerticiInizioCorrente = $VerticiInizio; // = 10; // espresso in gradi punto del primo vertice delle stella
$Step = 10; // espresso in gradi rotazione delle stelle successive

// disposizione stelle su immagine contenitore
$Raggio = DIMSTAR * 1.5; // raggio delle circonferenze intorno alla quale saranno disegnate le stelle

// individua i punti cartesiani del centro delle stelle
for($i = 0; $i < 2* M_PI; $i+= 2*M_PI /$StelleQuantita) {
$StarX = DIMSTAR * 2 + $Raggio * cos($i); $StarY = DIMSTAR *2 + $Raggio * sin($i); // x y cartesiano
```

// circonferenza esterna, individua punti cartesiani dei vertice delle stelle
$PuntiXYa = DeterminaValori(DIMSTAR, $VerticiQuantita, $VerticiInizio);

// circonferenza interna, individua vertici cartesiani nei concavi fra le punte
$VerticiInizio = $VerticiInizio + 180 / $VerticiQuantita; // vertici ruotati con raggi sincronizzati al 50%
$PuntiXYb = DeterminaValori(DIMSTAR * .3, $VerticiQuantita, $VerticiInizio);
$Rosso = imagecolorallocate($Immagine,255,0,0); // colore della stella che verrà sostituito con gradiente
$Imma_Stella = DisegnaStella($PuntiXYa, $PuntiXYb,$Rosso); // crea immagine con stella

imagepng($Imma_Stella,"es_134_Imma_Stella.png"); // salva

Stella in
elaborazione

// disegna si $Immagin $Imma_Stella con gradiente $Imma_Gra
//alle coordinate cartesiane $StarX,$StarY
$Immagine = StelleSuContenitore($Immagine,$Imma_Gra,$Imma_Stella,$StarX,$StarY);
imagedestroy($Imma_Stella); // libera memoria occupata da stella corrente
$VerticiInizio = $VerticiInizio + $Step; // ruotazione nuova stella
}

imagepng($Immagine,"es_134_stelle_e_gradiente.png"); // salva

gradiente
?>
<!doctype html><html><head><meta charset="utf-8"></head><body>
<img src="es_134_stelle_e_gradiente.png">
</body></html>Esempio di avanzamento dello script e d'un possibile risultato:

Gradiente per colorare oggetti esistenti

Mediante un gradiente giallo viene "accesa" una lampada.
Al momento del caricamento in memoria il vetro trasparente è in nero, viene poi "accesa" colorandola con gradiente giallo appositamente creato.

es_135_gradiente_lampada_accesa

Una volta letta l'immagine, ne sono memorizzate le dimensioni in 2 costanti con, define('LARGHEZZA', $Larghezza); define('ALTEZZA', $Altezza);.

Di queste dimensioni sono create, l'immagine $Imma_Gra sulla quale disegnare il gradiente e l'immagine $Immagine che conterrà il risultato finale.
Sono salvate anche le immagini in elaborazione per mostrare il funzionamento dello script.

Funzioni dello script:

- RendeImmagineTrasparente(), rende trasparente immagine passate
- CreaGradiente(), disegna un gradiente sferico viola

```php
<?php // es_135_gradiente_lampada_accesa
function RendeImmagineTrasparente($Imma){// rende trasparente ogni immagine passata
imagesavealpha($Imma, true); // imposta flag per salvare informazioni canale Alpha
$CanaleAlpha = imagecolorallocatealpha($Imma, 0, 0, 0, 127);// colore trasparente
imagefill($Imma, 0, 0, $CanaleAlpha); // rende l'immagine trasparente
return $Imma; // rende l'immagine resa trasparente
}

function CreaGradiente(){
$Imma_Gra = imagecreatetruecolor(LARGHEZZA , LARGHEZZA);//immagine con gradiente giallo
$Imma_Gra = RendeImmagineTrasparente($Imma_Gra);
for ($z = 0; $z <= LARGHEZZA / 2; $z++){ // disegna sfera gradiente giallo
        $ColoreCorrente = imagecolorallocate($Imma_Gra,
                2 * 255 * $z / LARGHEZZA, // rosso
                2 * 255 * $z / LARGHEZZA, // verde
                0 // blu
                );

        imagefilledellipse($Imma_Gra,
                LARGHEZZA*.5, ALTEZZA*.5, // coordinate x,y del centro
                LARGHEZZA-2*$z, ALTEZZA - 2 * $z,
                $ColoreCorrente
                        );
        }
imagepng($Imma_Gra,"Imma_Gra.png"); //salva gradiente sferico al centro immagine
```

return $Imma_Gra;
}

```php
function AccendeLampadina($Imma_lampada,$Imma_Gra,$Immagine){
$ColoreDaSostituire=imagecolorat($Imma_lampada,LARGHEZZA*.5,ALTEZZA*.5);
        for($x=0;$x<LARGHEZZA;$x++){
        for($y=0;$y<ALTEZZA;$y++){
        $P_lampada = imagecolorat($Imma_lampada, $x,$y); // colore lampadina
        $P_sfera = imagecolorat($Imma_Gra, $x,$y); // colore sfera
if($P_lampada == $ColoreDaSostituire) // testa se il colore è quello da sostituire
{imagesetpixel($Immagine, $x,$y, $P_sfera);}//esito positivo sostituisce con punto x,y sfera
else // altrimenti
{imagesetpixel($Immagine, $x,$y, $P_lampada);} //inserisce quello della lampadina d'origine
}}
return $Immagine;
}
```

$Imma_lampada = imagecreatefrompng('lampada.png'); // carica immagine lampadina

$Larghezza = imagesx($Imma_lampada); $Altezza = imagesy($Imma_lampada); // dimensioni
define('LARGHEZZA', $Larghezza); define('ALTEZZA', $Altezza);// dimensioni
$Imma_Gra = CreaGradiente();// crea greadiente

// crea l'immagine che conterrà la lampadina accesa
$Immagine = imagecreatetruecolor(LARGHEZZA,ALTEZZA);
$Immagine = RendeImmagineTrasparente($Immagine);
AccendeLampadina($Imma_lampada,$Imma_Gra,$Immagine);

header('Content-Type: image/png');
imagepng($Immagine); // al browser
imagepng($Immagine,"es_135_gradiente_lampada_accesa.png"); // salva
imagedestroy($Imma_lampada);imagedestroy($Imma_Gra);imagedestroy($Immagine);//libera m
?>Risultato:

Scelta dei gradenti

Una necessità che può presentarsi nella scelta di un gradiente è l'immaginarsi come si presenterà.

es_136_test_per_gradienti

http://www.taccetti.net/web/phpgd2/index.php?id=133

Il seguente script può aiutare a scegliere il gradiente adatto.
Si tratta di una normale pagina web in PHP con valori default per i canali Rosso, Verde e Blu, sia per il colore di partenza che di arrivo.
Al lancio viene mostrato il gradiente di default.
Il valore dei canali colore può essere modificato inserendone di nuovi negli appositi controlli (range 0-255 in notazione decimale) e premendo il pulsante "invia".
La pagina si caricherà di nuovo mostrando il gradiente risultante dai nuovi valori.
Le etichette dei canali colore di partenza sono Rosso1,Verde1,Blu1 e di arrivo Rosso2,Verde2,Blu2.
I colori del gradiente, anche se inseriti come numeri decimali, nello script sono convertiti in esadecimale in modo poter essere usati più agevolmente con

foreach($Gradientes as $Gradiente) ed i CSS

```
<?php // es_136_test_per_gradienti
$Rosso1 = isset($_POST['Rosso1']) ? $_POST['Rosso1'] : 175;
$Verde1 = isset($_POST['Verde1']) ? $_POST['Verde1'] : 92;
$Blu1 = isset($_POST['Blu1']) ? $_POST['Blu1'] : 80;
```

```php
$Rosso2 = isset($_POST['Rosso2']) ? $_POST['Rosso2'] : 0;
$Verde2 = isset($_POST['Verde2']) ? $_POST['Verde2'] : 202;
$Blu2 = isset($_POST['Blu2']) ? $_POST['Blu2'] : 255;

function Gradiente($Rosso1,$Verde1,$Blu1,$Rosso2,$Verde2,$Blu2, $ScalaColori){
        $StepRGB['rosso'] = ($Rosso1 - $Rosso2) / ($ScalaColori - 1);
        $StepRGB['verde'] = ($Verde1 - $Verde2) / ($ScalaColori - 1);
        $StepRGB['blu'] = ($Blu1 - $Blu2) / ($ScalaColori - 1);
$ColoriGradiente = array();
        for($z = 0; $z <= $ScalaColori; $z++){
                $RGB['rosso'] = $Rosso1 - $StepRGB['rosso'] * $z;
                $RGB['verde'] = $Verde1 - $StepRGB['verde'] * $z;
                $RGB['blu'] = $Blu1 - $StepRGB['blu'] * $z;
        $RGBesadecimale['rosso'] = sprintf('%02x', ($RGB['rosso']));
        $RGBesadecimale['verde'] = sprintf('%02x', ($RGB['verde']));
        $RGBesadecimale['blu'] = sprintf('%02x', ($RGB['blu']));
        $ColoriGradiente[] = implode(NULL, $RGBesadecimale);
}
return $ColoriGradiente;
}
?>
<!doctype html><html><head><title>es_136_test_per_gradienti</title>
<style>input{width:35px; color:#FFF; text-align:right;}
#Rosso1,#Rosso2{background: #F00;}
#Verde1,#Verde2{background: #0F0;}
#Blu1,#Blu2{background: #00F;}
#button{width:60px; color:#000; text-align:center;}
</style></head><body>
<?php
$Gradientes = Gradiente($Rosso1,$Verde1,$Blu1,$Rosso2,$Verde2,$Blu2, 320);
        foreach($Gradientes as $Gradiente){
echo "<div style=\"float:left;background-color: #".$Gradiente."; width: 5px; height: 200px;\"></div>";
}
?>
</body></html>Risultato:
```

INDICE

MISURAZIONI

Gradi e radianti, conversione
http://www.taccetti.net/web/phpgd2/index.php?id=134

Aree, poligoni, linee e circonferenze
http://www.taccetti.net/web/phpgd2/index.php?id=135